电力营销业务实操与管控

苏涛 主编

中国电力出版社
CHINA ELECTRIC POWER PRESS

内容提要

本书从电力营销工作实际出发，采用模块化编写方式，梳理并提炼营销业务中的薄弱环节和风险隐患，逐一列出具体管控措施，同时结合典型案例分析，有助于提高营销工作人员的实际操作能力和管理水平。

本书共分为七章，包括业扩新装、变更用电、计量管理、电费管理、电价执行、合同管理、典型案例。

本书可作为供电企业营销一线人员及管理人员的模块化培训教材、自学读本，也可作为相关大专院校的教学参考书。

图书在版编目（CIP）数据

电力营销业务实操与管控 / 苏涛主编 . -- 北京：中国电力出版社，2023.11（2024.10 重印）
ISBN 978-7-5198-8139-9

Ⅰ . ①电… Ⅱ . ①苏… Ⅲ . ①电力工业 - 市场营销学 Ⅳ . ① F407.615

中国国家版本馆 CIP 数据核字（2023）第 175716 号

出版发行：中国电力出版社
地　　址：北京市东城区北京站西街 19 号（邮政编码 100005）
网　　址：http：//www.cepp.sgcc.com.cn
责任编辑：杨　扬（010-63412524）
责任校对：黄　蓓　王小鹏
装帧设计：赵姗姗
责任印制：杨晓东

印　　刷：北京天泽润科贸有限公司
版　　次：2023 年 11 月第一版
印　　次：2024 年 10 月北京第二次印刷
开　　本：710 毫米 ×1000 毫米　16 开本
印　　张：7.5
字　　数：107 千字
定　　价：48.00 元

本书编委会

主　编　苏　涛

副主编　王　磊　蔡卫锋　孙海玉　张　楠　杨素梅　陈　雪

参　编　吴浩然　崔　灿　张敬宜　刘　刚　杨　璐　张冬艳　杜冉冉　孟　洁　祖向阳　许欣欣　蔡文昌　吕凌宇　刘新政　王　鹏　杨　丹　张雪姿　朱曼曼　李　明　李璐帆

前　言

为有效提升电力营销人员岗位能力培训工作的针对性、有效性和规范性，加快建设一支纪律严明、素质优良、业务精湛的电力营销高技能人才队伍，提高营销一体化、规范化、标准化的执行水平，国网河南省电力公司商丘供电公司组织一批优秀的管理专家、技术专家、技能专家，充分发挥专业优势，历时一年多，按照统一标准组织编写了《电力营销业务实操与管控》一书，形成面向供电企业营销一线人员及管理人员的模块化培训教材。

本书从电力营销工作实际出发，以提升营销人员岗位能力、加强营销工作质量管理、规范营销业务流程和作业行为等为目的，采用模块化编写方式，条理清晰、简明扼要，便于指导实际工作。本书紧紧围绕电力营销业务基本知识和技能，从业扩新装、变更用电、计量管理、电费管理、电价执行、合同管理等方面，梳理并提炼营销业务中的薄弱环节和风险隐患，如违约用电管理、反窃电查处、资产管理、收费管理、电费核算等，逐一列出具体管控措施。最后还结合典型案例分析，为营销业务管理工作提供了具体、实用的方法。

本书有助于提高营销工作人员的实际操作能力和管理水平，也可使供电企业其他岗位人员了解电力营销业务知识，故适用于供电企业培训教学、员工自学等，也可作为相关大专院校的教学参考书。

本书由苏涛任主编，王磊、蔡卫锋、孙海玉、张楠、杨素梅、陈雪任副主编，参与编写的人员还有吴浩然、崔灿、张敬宜、刘刚、杨璐、张冬艳、杜冉冉、孟洁、祖向阳、许欣欣、蔡文昌、吕凌宇、刘新政、王鹏、杨丹、张雪姿、朱曼曼、李明、李璐帆。

本书在编写过程中，收集和参阅了大量相关资料及文献，在此向相关作者表示衷心的感谢。

限于编者水平和经验，虽经反复修改，仍难免谬误。若有疏漏不当之处，恳请读者批评指正。

编者

目 录

1 业扩新装

1.1 低压居民新装（增容）

此业务适用于低压居民用户新装（增容）用电。

【流程管控点】

（1）系统权限应分级授权，办理和审批不能为同一人，防止“一号通办”；严禁同一账号多人共用或一人多账号；严禁系统环节处理权限集中于某一岗位或某一人员，权限过大；严禁系统审批权限设置与实际岗位职责不一致。

注：各类流程的系统权限配置均应符合本原则。

（2）安装信息录入环节应由班所长进行审批，应审核现场装表照片和视频，审核用电类别、电价是否执行正确，示数类型是否满足正确算费（电价执行）需求。

（3）对执行居民合表电价的当月新装用户，应在30日内由稽查班（稽查专责）进行复核。应在7日内采集核验三相表计接线的正确性。

【业务管控点】

（1）申请资料：居民报装需提供身份证明和产权证明。产权证明不得以租赁证明代替，农村地区村委及以上政府出具的产权证明应采用标准模板。

（2）办理时限：全流程办电时限不超过3个工作日。其中业务受理环节不超过1个工作日、装表接电环节不超过2个工作日。

（3）投资界面：低压居民客户应投资至客户红线，原则上以客户不动产权证上的规划中心线（规划红线）或围墙确定建筑区划红线。出于安全经济、便于施工的考虑，实际中可由双方协商。

（4）营业厅人员严禁受理台区经理代客户报装及其他各类用电业务；流

程时间应与现场真实办理时间一致，客户诉求应第一时间受理并线上录入，营业厅上线受理后要及时打印出临柜回执单，系统打印自带日期，避免出现水印日期与系统日期不一致的情况。

注：各类流程的业务受理均应符合本原则。

（5）客户户名、地址、账务联系人联系信息、互感器变比、行业分类、变损、表计对应关系、示数类型、装初示数、电价、增值税发票信息等关键信息应确保准确。用户系统档案、合同档案应与现场用电情况一致。

注：各类流程的客户档案信息填写均应符合本原则。

（6）按照管理规范要求，及时、规范将归档资料上传至营销系统，并做好纸质归档资料的档案管理。

注：各类流程的归档资料管理均应符合本原则。

（7）严禁通过流程终止、集中走流程、更名、过户、调台区等方式规避时限监管。

（8）在新装流程的勘查等环节完成抄表段分配、采集点添加工作，严禁发生新装用户报装流程中未分配抄表段或未添加采集点的问题，安装信息录入环节应审核现场装表照片和视频，确认已安装到现场后才可以推送至下一环节。

（9）业扩新装、增容工作票建议不跨月归档，若确须跨月归档的，应确保采集档案在抄表例日（每月 1 日）前完成建立（采集系统中该用户采集终端建档），避免采集系统无法冻结当日示数造成抄表失败。

（10）现场装表接电应由一人装表、一人复核，具备条件必须带负荷校验，确保现场工作安全且接线正确，归档当日电能表必须采集成功。未在现场带负荷校验的应在 7 日内验证接线是否正确，避免因长期接线错误造成电量损失。

（11）对执行居民合表电价、中小学照明电价的客户，应重点审核用电类别和电价是否正确，如户名是中小学，用电类别不应设置为城乡居民；户名明显为校外培训机构，不应执行中小学照明电价。

1.2 低压非居民新装（增容）

此业务适用于低压非居民用户新装（增容）用电、低压充电桩新装业务，执行普通低压非居民新装流程。

【流程管控点】

（1）安装信息录入环节应由班所长进行审批，应审核现场装表照片和视频，审核用电类别、电价是否执行正确，示数类型是否满足正确算费（电价执行）需求。

（2）对执行农业生产电价、农业排灌（非村委和用水协会户名）以及执行居民合表电价、中小学照明电价的非居民的当月新装用户，应在30日内由稽查班（稽查专责）进行复核。对于三相电能表计，应在7日内采集核验表计接线的正确性。

【业务管控点】

（1）申请资料：非居民报装需提供营业执照和产权证明，居民自用充电设施报装需提供车位使用证明、车位产权所有人身份证明、物业证明、车位产权所有人新能源汽车购车证明共4项申请资料。

（2）办理时限：低压小微企业全流程办电时长不超过15个工作日，其他非居民用户可控环节时长不超过5个工作日。

（3）投资界面：低压小微企业投资和省级及以上园区内执行工商业定价的非居民客户投资至客户红线，其他非居民客户投资至产权分界点。用电设备容量在160千瓦及以下的小微企业用电项目，原则上采取低压方式接入电网。

（4）严禁通过流程终止、集中走流程、更名、过户流程等方式规避新装办电时限监管。

（5）非居民分为实行“三零服务”和未实行“三零服务”两类，实行“三零服务”的应在业务受理环节用户扩展属性选择“三零小微企业”。

（6）在新装流程的勘查等环节完成抄表段分配、采集点添加工作，严禁发生新装用户报装流程中未分配抄表段或未添加采集点问题。

（7）业扩新装、增容工作票建议不跨月归档，若确须跨月归档的，应确保采集档案在抄表例日（每月 1 日）前完成建立（采集系统中该用户采集终端建档），避免采集系统无法冻结当日示数造成抄表失败。

（8）除居民生活用电外的 100 千伏安以上用户应执行力调（功率因数调整）考核。计费信息中，力调考核方式须为“按标准考核”，功率因数标准应正确，计量装置示数类型应有“有功（总）、无功（总）、无功反向（总）”，严禁算费记录示数类型缺失。

（9）充电桩应执行分时电价，超过 100 千伏安的非、普工业用户应执行分时电价。

（10）对执行农业生产电价、农业排灌的新装用户应重点审核用电类别和电价是否执行正确，避免出现户名非村委和用水协会且无机井产权证申请农排、户名明显为农家乐申请农业等。

（11）对执行居民合表电价、中小学照明电价应重点审核用电类别和电价是否执行正确，如户名是中小学，用电类别不应设置为城乡居民；户名明显为校外培训机构，不应执行中小学照明电价。

（12）现场装表接电应由一人装表、一人复核，具备条件必须带负荷校验，确保现场工作安全且接线正确，归档当日电能表必须采集成功。未在现场带负荷校验的应在 7 日内验证接线是否正确（可通过采集），避免因长期接线错误造成电量损失。

1.3 高压新装（增容）

此业务适用于10千伏及以上高压用户新装（增容）用电。

【流程管控点】

（1）业务审批环节、业务费审批环节应由营销部主任或以上级别人员进行，合同审批由主管副主任以上级别人员审批。

（2）安装信息录入环节应由班组长（专责）审核，应审核现场装表照片和视频，审核示数类型是否满足正确算费（电价执行）需求。

（3）送（停）电管理环节应由班组长（专责）审核和推送，审核是否有现场送电照片或视频。送停电计划管理报送后由专责及以上反馈。

（4）双电源客户进行调度协议签订应由调度主管副主任或以上级别人员进行。

（5）对于有配套工程的，工程施工与验收至少需要运维主管副主任或以上级别人员进行。

（6）对执行农业生产电价、农业排灌（非村委和用水协会户名）的当月新装用户，应在30日内由稽查班（稽查专责）进行复核。

【业务管控点】

（1）申请资料：普通客户报装需提供主体证明、产权证明，须注意产权证明不得以租赁证明代替。

（2）办理时限：普通客户（单电源）可控环节时长不超过16个工作日，双电源客户可控环节时长不超过24个工作日（业务受理环节须当天完成）。

（3）投资界面：对于省级及以上园区内工商业客户、电能替代改造和新建项目、充换电设施3类高压客户投资至客户建筑区划红线。客户接网工程的开关和计量装置应由公司投资的，应做到“应投必投”。城镇客户接网工程由供电公司及政府双方投资，投资主体选项时应正确选择，依据不同颜色供电方案答复单答复不同的投资主体。

（4）业扩协同环节通过“阳光业扩一站通”平台发起专业联动，实现线上自动协同，超期自动预警，对于需专业协同的，客户经理不得代替协同专业进行操作。

（5）杜绝“三指定”行为，不得向用户推荐和指定设计、施工、供货单位，应向用户公开施工单位查询相关网站、客户工程典型造价手册和电网可用资源信息。

（6）普通客户一律取消设计审查和中间检查，仅保留竣工验收，且只限于涉网的客户设备（受电变压器及以上至产权分界点），验收要点按照《阳光作业卡》执行。

（7）双电源客户需核实图纸与现场安装联络设备是否一致，是高压联络还是低压联络，核实低压联络变压器容量，避免造成高可靠供电费用收取金额错误。有两条及以上线路分别来自不同电源点或多个受电点的客户，以及一个受电点内不同电价类别的用电，均应分别装设电能计量装置。

（8）流程中如需要回退的，需报备管理人员，回退应注意选择“回退至原环节”，严禁私自选择“正常发送”方式，如确需选择的，须经专责人员审核是否会导致超期，审核通过后方可进行。

（9）对于同一用户名称、同一用电地址，营销系统应立一户。同时注意核查两个及以上用户名称一致或用电地址一致，但合同容量相加大于等于315千伏安的用户是否存在漏计基本电费情况。

（10）在新装流程的勘查等环节完成抄表段分配、采集点添加工作，严禁发生新装用户报装流程中未分配抄表段或未添加采集点的问题。

（11）业扩新装、增容工作票建议不跨月归档，若确须跨月归档的，应确保采集档案在抄表例日（每月1日）前完成建立（采集系统中该用户采集终端建档），避免采集系统无法冻结当日示数造成抄表失败。

（12）对变压器运行容量进行增容的工单应注意及时变更执行电价、用电类别，确保现场与系统用电性质、变压器运行容量一致。工业用户原容量不超过 315 千伏安，增容后容量大于 315 千伏安的，定价策略类型须更改为“两部制”，更改电价类别为大工业电价，并注意核查峰谷、力调执行是否正确（两部制电价用户应执行峰谷、力调考核）；原工业用户容量小于 100 千伏安，增容后超过 100 千伏安的，需注意更改力调、峰谷电价执行等内容；功率因数考核方式应为“按标准考核”，功率因数标准应选择正确，“是否执行峰谷标志”应选择“是”，计量信息中电能表示数类型应具备“有功（总）、有功（尖峰）、有功（峰）、有功（平）、有功（谷）、无功（总）、无功反向（总）”，严禁算费记录示数类型缺失。

（13）对于按容量计收基本电费的两部制电价客户新装送电时须告知提醒客户：已送电未封停的变压器无论使用与否都正常计收基本电费，若客户不用电建议客户办理暂停（减容）或变更基本电费计收方式为按最大需量计收。

（14）对于按最大需量计收基本电费的用户，应注意下列事项。

1）计量信息中需确保增加最大需量值，严禁营销系统、采集系统算费示数项缺失。

2）一户多计量点的客户两路及以上进线可以同时运行的，营销系统电源运行方式应选择“常用互为备用”（即两回及以上进线同时运行互为备用），两路最大需量应叠加计收基本电费；对于两路及以上进线不能同时运行的，应选择一主一备。

（15）一般情况下不应选择“冷备用”（暂不使用的变压器可减容或暂停）；对于历史“冷备用”变压器应现场核查变压器运行情况和设备加封情况，对于现场变压器未加封或现场启用状态的，应追补基本电费和违约使用电费。对于变压器属热备用状态或未经加封的，不论使用与否都应计收基本电费。

（16）系统内计量信息与用户现场计量信息一致，避免少计收变损。高供低计的用户应计算变损，一级计量点是高供低计，一级计量点变损计费标准与变损分摊标志均应为“是”，台区信息变损算法标志应为“按标准公式”，受电设备对应的损耗代码、容量应分别与损耗标准表的变压器型号、容量一致。

（17）对执行农业生产电价、农业排灌的新装用户应重点审核用电类别和电价是否执行正确，避免出现户名非村委和用水协会且无机井产权证申请农排、户名明显为农家乐错误申请农业电价等情况。

（18）对执行居民合表电价、中小学照明电价应重点审核用电类别和电价是否执行正确，如户名是中小学，用电类别不应设置为城乡居民；户名明显为校外培训机构，不应执行中小学照明电价。

（19）现场装表接电应由一人装表、一人复核，具备条件必须带负荷校验，确保现场工作安全且接线正确，归档当日电能表必须采集成功。未在现场带负荷校验的应在 7 日内验证接线是否正确（可通过采集），避免因长期接线错误造成电量错计。

1.4 装表临时用电

此业务适用于基建工地、农田水利、市政建设等非永久性用电供给临时电源的用电。

【流程管控点】

（1）业务审批环节、业务费审批环节应由营销部主任或以上级别人员进行，合同审批由主管副主任以上级别人员审批。

（2）安装信息录入环节应由班组长（专责）审核，应审核现场装表照片和视频，审核示数类型是否满足正确算费（电价执行）需求。

（3）送（停）电管理环节应由班组长（专责）审核和推送，审核是否有现场送电照片或视频。送停电计划管理报送后由专责及以上反馈。

（4）双电源客户进行调度协议签订应由调度主管副主任或以上级别人员进行。

（5）对于有配套工程的，工程施工与验收至少需要运维主管副主任或以上级别人员进行。

（6）对执行农业生产电价、农业排灌（非村委和用水协会户名）的当月新装用户，应在30日内由稽查班（稽查专责）进行复核。

【业务管控点】

（1）申请资料：普通客户报装需提供主体证明、产权证明，尤其注意产权证明不得以租赁证明代替。

（2）办理时限：普通客户（单电源）可控环节时长不超过16个工作日，双电源客户可控环节时长不超过24个工作日（业务受理环节当天须完成）。

（3）临时用电转正式用电的客户，对于同一主体、证件在有效期内无需重复提交材料，经现场核验无误后可直接办理。制定供电方案时，要统筹考虑客户临时和正式用电需求，落实"一次报装、分期建设、多点供电"的服务原则，同时约定正式用电电源。

（4）普通客户一律取消设计审查和中间检查，仅保留竣工验收，且只限于涉网的客户设备（受电变压器及以上至产权分界点），验收要点按照《阳光作业卡》执行。

（5）临时用电期限从送电日起至拆表停电日止，一般不超过3年，逾期不办理延期或永久性正式用电手续的，应按规定程序终止供电。

（6）临时用电到期后，营销系统自动发起业务流程，根据客户意向，进行临时用电销户或转正式用电。营业厅人员严禁受理公司员工（台区经理）代客户报装及各类业务办理。

（7）申请受理页面选取装表临时用电选项，填写具体临时用电用途、临时用电期限等内容，注意一般临时用电行业分类为建筑业，力调执行标准为0.85（100千伏安以下不执行，100千伏安及以上执行峰谷电价，力调标准均为0.85）。

（8）临时用电执行工商业代理购电价格，长期临时用电现场实际为大工业用电，应追补少收的基本电费。

（9）100千伏安以上临时用电用户应执行力调考核，计费信息中，功率因数考核方式须为“按标准考核”，功率因数标准应正确，计量装置示数类型应有“有功（总）、无功（总）、无功反向（总）”，严禁算费记录示数类型缺失。

1.5 低压批量新装

此业务适用于同一台区集中报装的居民或底商，或不同台区由同一报装主体集中报装的监控、5G 基站等。

【流程管控点】

（1）合同审批、业务费审批环节应由专责进行审批。

（2）严禁班所人员（含班所所长）具备审批权限。

【业务管控点】

（1）严禁为躲避业扩工单时限监控和上级回访而采用“凑工单”的形式发起低压批量新装业务，低压批量新装业务包含户数原则上不得少于 13 户。

（2）不得违规办理低压批量业务，低压批量业务归档后 6 个月内，不得将批量工单中客户的台区调整至别的台区（调至超过 2 个及以上台区）。

（3）批量新装应在验收完毕后及时安装归档完毕，涉及已居住小区移交的，在装表当月必须流程归档，防止居民阶梯挡级电量错误影响客户利益。

1.6 分布式光伏新装（增容）

此业务适用于分布式光伏用户新装（增容）用电。

【流程管控点】

（1）严禁系统外人员通过内网系统发起或操作流程。

（2）组织并网验收与调试环节应由班所长进行审批。

【业务管控点】

（1）申请资料：主体证明和产权证明，非自然人在竣工报验阶段另需提供项目核准（备案）文件。

（2）办理时限：低压单并网点分布式光伏并网可控时长不超过 30 个工作日，多并网点可控时长不超过 40 个工作日。高压单并网点分布式光伏并网可控时长不超过 40 个工作日，多并网点可控时长不超过 50 个工作日。

（3）投资界面：对于“全额上网”用户，公司仅投资电能表和互感器，对于“自发自用余电上网”用户，公司投资建设上网表计低压表箱及以上供电表箱供电设施（含表上线、表箱、电能表、互感器、表箱内断路器和电量采集装置）。

（4）分布式光伏用户（自发自用余电上网）新装流程中，上网关口关联用电户表计，只添加反向有功示数类型；发电关口新增表计，示数类型为正向有功。

（5）全部上网用户，接入方式应选择接入公共电网侧，严禁选择接入用户侧。

（6）现场光伏设备安装到位方可验收送电，确保并网后不产生零电量问题。

（7）项目备案时间、并网时间应与补贴电价匹配。

2

变更用电

2.1 暂停 / 减容

暂停适用于客户因生产经营情况发生变化，需要临时变更或设备检修或季节性用电等原因，为节省电费支出需要短时间内停止一部分或全部设备用电容量的变更用电业务。

减容适用于客户因生产经营情况发生变化、用电负荷减少，为节省电费支出需减少供用电合同约定的容量的变更用电业务。

暂停 / 减容一般只适用于高压用户。

【流程管控点】

（1）业务审批、合同审批环节应由主管业务副主任及以上级别人员审批。

（2）装换表审批环节应由班所长（或专责）及以上级别人员审批。“拆回设备入库”环节应注意核对退库指数与拆回指数是否一致。

（3）原则上合同起草、合同签订环节应由专责进行，送（停）电管理环节应由主管副主任（区专责）审核和推送。停送电管理环节应按照业务管控要求进行审核，并审核现场已加封照片和视频后推送下一环节。

【业务管控点】

（1）申请资料：法人代表有效身份证明、经加盖单位公章的营业执照复印件，委托办理时需提供授权委托书和经办人有效身份证明。

（2）办理时限。

1）暂停：自现场勘查至归档资料不超过 3 个工作日。

2）减容：普通客户永久性、重要客户永久性、普通客户临时性、重要客户临时性分别不超过 17、22、16、21 个工作日。

（3）用户在每一日历年内，可申请全部（含不通过受电变压器的高压电动机）或部分容量的暂停，暂停每次不得少于 15 天，少于 15 天的暂停期间基本电费、损耗、力调电费正常收取。一年累计暂停时间不得超过 6 个月，暂停满 6 个月的客户，可申请办理减容。

（4）暂停（减容）到期前应及时提醒客户办理恢复或继续暂停（减容），暂停（减容）期满未办理续停（减容）的，需从期满之日起按合同约定的容量计收其基本电费。

（5）按变压器容量计收基本电费的用户，暂停用电必需是整台或整组变压器停止运行。按最大需量计收基本电费的用户，申请暂停用电必需是全部容量（含不通过受电变压器的高压电动机）的暂停。

（6）减容业务分为临时性减容和永久性减容。临时性减容两年内可以减容恢复，超过两年的按新装或增容手续办理；永久性减容指用户存在 1 台以上整组用电设备，因减产、减少负荷等原因需要拆除 1 台及以上变压器，与销户存在差异，流程选择时需注意客户申请需求，避免选择错误。

（7）永久性减容用户，后期因生产需求还需增加容量，应按照增容业务办理。

（8）办理变压器暂停（减容），严格按照用户申请暂停（减容）的日期对设备进行加封，并由用户签字确认表计底度。

（9）对于未经加封的变压器应正常计收基本电费，对自行拆除封印用电的按违约用电处理。

（10）系统中减容（暂停）时间、容量与实际减容（暂停）情况要求一致，停送电环节日期不得倒置，按照现场实际停送电选择日期。

（11）安装信息录入时，“本次抄表日期”应与变压器实际停用日期一致，抄表时间不得早于变压器实际停用时间。

（12）停电前应确保该用户算费的全部采集示数项（尖、峰、平、谷、无功、无功反向、最大需量值等）完整、准确，若存在当月示数项缺失应进行示值补采，示值冻结完整方可进行现场停电。

（13）全部暂停（减容）业务，原则上必须将对应的表计停电，应录入最近一次日冻结示值（一般为停电前一日日冻结示值）；全部暂停表计无法停电的，以及部分暂停（减容）涉及一级计量点停电的，应录入实时示值。

（14）应确保暂停（减容）流程归档当天对该户在采集系统打停电标识，严禁出现暂停（减容）用户跨月未打停电标识导致无法自动发行问题。

（15）暂停（减容）后容量达不到实施两部制电价规定容量标准（315 千伏安及以上）的工业用户，须在申请页面选择普通工业电价，电价策略方案应更改单一制，基本电费选项为不收取，电价方案更改为普通工业电价；减容后容量小于等于 160 千伏安的，力调执行标准为 0.85。对于其他工商业用户，暂停（减容）后容量达不到 160 千伏安以上，但在 100 千伏安以上的，力调标准调整执行 0.85；容量在 100 千伏安以下的，不执行力调标准。

（16）一般情况下不应选择“冷备用”（暂不使用的变压器可减容或暂停）；对于历史“冷备用”变压器应现场核查变压器运行情况和设备加封情况，对于现场变压器未加封或现场启用状态的，应追补基本电费和违约使用电费。对于变压器属热备用状态或未经加封的，不论使用与否都应计收基本电费。

2.2 暂停恢复（减容恢复）

暂停恢复（减容恢复）适用于客户暂停（减容）期间或到期后需要恢复原容量用电的用电变更业务。

【流程管控点】

（1）业务审批、合同审批环节应由主管业务副主任及以上审批。

（2）装换表审批环节环节应由班所长（或专责）及以上审批。“拆回设备入库”环节应注意核对退库指数与拆回指数是否一致。

（3）原则上合同起草、合同签订环节应由专责进行，送（停）电管理环节应由主管副主任（区专责）审核和推送。

【业务管控点】

（1）申请资料：法人代表有效身份证明、经加盖单位公章的营业执照复印件，委托办理时需提供授权委托书和经办人有效身份证明。

（2）办理时限。

1）暂停恢复：自现场勘查至归档资料不超过 3 个工作日。

2）减容恢复：普通客户永久性、重要客户永久性、普通客户临时性、重要客户临时性分别不超过 17、22、16、21 个工作日。

（3）普通工业客户暂停恢复后，容量大于 315 千伏安的，电价策略方案应更改两部制，基本电费选项为按容量或者实际最大需量，电价方案更改为大工业电价。普通工业用户暂停恢复后，容量大于 100 千伏安的，应更改峰谷标志为“是”，大于等于 160 千伏安的，力调执行标准为 0.90。应准确选择，避免电价错误。大工业客户恢复运行容量大于 315 千伏安时，应注意基本电费执行方式，应与暂停前用户选择的基本电费计算方式保持一致，避免因基本电费执行方式错误而产生错误的基本电费。

（4）永久性减容用户无法办理减容恢复业务，因生产需求需增加容量的，应按照增容业务办理。

（5）减容到期前应及时提醒客户办理减容恢复或继续减容。大工业用户减容期满但未续停或减容的，应从期满之日起按合同约定的容量正常计收基本电费。

（6）对变压器运行容量进行增（减）容、暂停（恢复）的工单及时变更应执行电价、用电类别，确保现场与系统用电性质、变压器运行容量一致。

（7）工业用户增容或暂停恢复、减容恢复流程中，应注意用户运行容量大于 315 千伏安时，定价策略类型须更改为“两部制”。

（8）暂停恢复客户恢复设备现场应对设备解除封印，查看是否存在短接，避免出现设备损坏。

（9）暂停恢复流程停送电环节日期不得倒置，应按照实际停送电选择日期，选择错误会造成基本电费计算错误，并被省电力公司考核。

2.3 更名

更名业务适用于同一法人及自然人名称的变更。

【流程管控点】

（1）高压用户更名的合同审批环节应由业务专责审批。

（2）低压用户更名的合同审批应由班所长审批。

【业务管控点】

（1）申请资料：居民更名需要提供居民有效身份证明（原件）和产权证明（复印件）；非居民更名需要提供主体证明（原件）和用电户名称变更证明材料。

（2）办理时限：不超过5个工作日。

（3）在用电地址、用电容量、用电类别不变的情况下，允许办理更名；更名业务仅适用于用户主体证明名称发生变化（居民和企业名称变化），且产权证明没有变化的情况。对于产权证明发生变化的须办理过户业务。

（4）应在规定时间内按用户实际信息重新签订合同，并及时完成营销业务系统流程。

（5）现场勘查时，严格审核客户主体、用电地址、用电容量、用电类别、用电性质、电价等信息，更名后是否与原用电性质一致。

（6）高压过户或更名须勘查到位，并在系统进行户名和地址查重，避免出现一址多户问题。

2.4 过户

过户业务适用于用电主体名称及产权的变更，在用电地址、用电容量、用电类别不变的条件下，可办理过户。

【流程管控点】

（1）高压过户的业务审批环节、合同审批环节应由业务由班组长及以上审批。

（2）低压过户的审批环节应由班所长审批。

【业务管控点】

（1）申请资料：居民过户需要提供居民有效身份证明（原件）和产权证明（复印件）；非居民过户原户主和新户主法人代表有效身份证明（原件）、经加盖单位公章的新户主营业执照以及新户主的产权证明。

（2）办理时限：居民过户不超过 5 个工作日，非居民过户不超过 10 个工作日。

（3）原用户须结清欠费后方可进行过户。

（4）用户有余额或欠费，应告知双方用户，由双方协商处理。市场化用户过户时告知客户下交易平台同步过户。

（5）原用户为增值税用户的，过户时须办理增值税信息变更业务。

（6）涉及电价优惠的用户，过户后需重新认定。

（7）因居民客户过户涉及阶梯重算，营业厅或勘查人员要告知到位、留存佐证，并请客户确认，避免客户对电费不认可。

（8）市场主体申请过户流程：市场化用户在营销侧申请过户前需在交易平台进行解除绑定或户号注销：以户号为单位的市场主体申请过户时需提供在交易平台办理完成的户号注销截图证明，集团户全部户号整体过户时需提供解除绑定售电公司的证明。

2.5 销户 / 批量销户

销户业务适用于用户合同到期终止用电。

【流程管控点】

（1）高压销户业务审批环节、业务费审批环节应由主管业务副主任及以上审批。

（2）高压销户装换表审批环节应由专责及以上审批。

（3）低压销户的审批环节应由班所长审批。

（4）送（停）电管理环节应由专人审核和推送。

【业务管控点】

（1）申请资料：居民销户需客户有效身份证明（原件），非居民销户需提供营业执照原件及法人身份证原件，批量销户须提供拆迁许可证或政府相关拆迁证明，以及拆迁清单（含每户户号、表号、户名、地址）。

（2）确定与系统一致，一户多地址的应核对户号信息，防止错误销户。

（3）销户必须停止全部用电容量的使用，用户已向供电企业结清电费，查验用电计量装置完好性后，拆除接户线和用电计量装置。

（4）因拆迁或其他原因客户受电设备已于电网无物理连接，满足连续6

个月零电量，且与用户联系不上的，经台区经理、部门负责人双签字后进行公示 30 天，可进行销户。

（5）终止供电同时应拆除进线电源，销户后应马上拆除 T 接点下线，保证销户用户电气设备与公网无电气连接点。

（6）对于长期不使用客户销户时，首先进行电费核算，通知客户预交，避免出现销户电费无人缴纳。

（7）检查用户是否存在预收电费余额，若有预收电费余额应告知客户需准备的资料，通知客户办理余额退费业务，电费预收费全部清退后方可完成销户手续。

（8）办理销户业务时应书面告知客户，须在本月当月把本月电费缴清。

（9）销户客户必须保证现场及电采系统采集成功停电前数据，实时数据采集后进行停电，避免出现因数据输入错误造成电量没有完全发行，造成审计及稽查问题。

（10）装派工环节应协同计量部门人员一同到现场核查表计，记录最终数据与电采系统数据核对无误后给予拆除表计及终端，由计量部门进行计量方案等环节，核对表计指数和采集指数，确保示数连续性合理；现场拆除计量装置后，应准确记录表计底度、拆表时间等信息，并由用户签字确认表计底度。拆回设备入库环节由计量班（班所长）进行，应注意核对退库指数与拆回指数是否一致。

（11）现场发现窃电或违约用电的，应保护现场并立即联系用电检查人员到现场核查确认，暂缓办理销户业务，待窃电或违约用电行为处理完毕后继续办理。

（12）市场主体申请销户流程：市场化用户在营销侧申请销户前需在交易平台进行户号注销或者整体退市；以户号为单位的市场主体申请销户时需提供在交易平台办理完成的户号注销截图证明，集团户整体销户的需提供整体退市证明。

2.6 改类

改类业务主要用于客户用电类别发生变化，即电价变更业务，及客户各类档案错误、表计示数类型修正。

改类流程不得对客户基本电价计收方式变更，原则上更改联系方式、更改台区、更换电能表、互感器不得使用改类流程。

【流程管控点】

（1）高压改类业务审批环节、合同审批环节应由主管业务副主任及以上审批。

（2）装换表审批环节应由班所长及以上审批。

（3）对执行居民合表电价、中小学照明电价的当月新装用户，应在30日内由稽查班（稽查专责）进行复核。三相表计应在7日内采集核验表计接线正确性。

（4）对执行农业生产电价、农业排灌（非村委和用水协会户名）的当月新装用户，应在30日内由稽查班（稽查专责）进行复核。

【业务管控点】

（1）申请资料：居民改类业务需客户有效身份证明（原件），非居民改类业务需提供用电主体证明（加盖单位公章的复印件）。

（2）对于“容改需”或“需改容”等变更基本电费计收方式的，应选择“基本电价计费方式变更”流程，严禁通过改类流程进行变更。

（3）改类流程可以进行用户的用电性质变更、计量点变更，以及对新增2级套表进行更改等。客户申请改类首先需确定客户需求是否正确，应勘查并核实用户申报资料与现场一致性，了解实际的用电类别、所属行业，确定应执行的电价、功率因数标准等信息，按现场情况核实计费参数后发起改类流程，不得对原本正确的电价执行方式、基本电费执行方式、力调执行方式等进行变更。

（4）对执行农业生产电价、农业排灌的新装用户应重点审核用电类别和电价是否执行正确，避免出现户名非村委和用水协会且无机井产权证申请农排、户名明显为农家乐申请农业等情况。对执行居民合表电价、中小学照明电价应重点审核用电类别和电价是否执行正确，如户名是中小学，用电类别不应设置为城乡居民；户名明显为校外培训机构，不应执行中小学照明电价。

（5）稽查出现的异常一般都要改类流程进行更改，更改时应注意只对稽查出现的异常进行对应修改，不得修改其他环节，以免出现电费计算错误。

（6）增加新示数类型时，表底应录入当日该示数类型指数（不能简单录入为 0），避免电费线损计算错误。

（7）更改电价时，确保电价执行、用电类别正确，算费示数类型齐全不允许缺失。如更改力调电价执行时需确保具备无功和反向无功示数类型；更改峰谷电价执行时需确保具备峰谷示数类型；更改两部制电价执行时需确保具备无功和反向无功、峰谷示数类型。

（8）市场化用户在申请工商业用电变更为居民、农业用电时，应引导用户办理退市后再进行电价变更，并核实用户现场用电性质是否发生变更，防止用户为避免执行退市代购政策，在现场未变更用电性质的情况下申请执行居民、农业电价。

（9）在变更市场化用户电价时，尤其涉及工商业电价与居民农业电价之间的变更时，应在变更工作票归档后，通过“购售关系变更”流程将对应计量点市场化属性进行变更，避免因计量点市场化属性异常造成交割电量错误。

（10）对于正常用电客户，在因稽查工单等要对受电设备首次运行日期、启用日期以及停用日期信息维护时，若当月受电设备未发生变更，不涉及基本费及变损电量变更计算的，不建议通过变更工作票进行维护，若必须通过改类流程维护的，应重点注意变压器首次运行日期应为改类当日，避免变损电量计算异常。

2.7 基本电价计费方式变更

此业务适用于客户变更基本电价计收方式，只允许执行基本电价计费方式的客户申请按变压器容量与最大需量两种计费方式间的变更。

【流程管控点】

（1）业务审批环节、合同审批环节应由主管业务副主任及以上审批。

（2）装换表审批环节应由班所长及以上审批。

【业务管控点】

（1）申请资料：用户基本电价计费方式变更，应提供主体证明，提出申请，签订供用电合同。

（2）办理时限：不超过 2 个工作日。

（3）基本电价计费方式变更只适用执行两部制电价（受电变压器容量在 315 千伏安及以上的工业客户）的用户。

（4）基本电价计费方式变更周期为 3 个月变更一次（距离上次变更时间大于 3 个月、非自然季度）。用户可提前 15 个工作日向电网企业申请变更下一周期（河南省自下个月开始生效）的基本电价计费方式，需告知客户本月申请，次月关账后才给予执行。

（5）变更前，应核实客户实际最大负荷并告知客户适合的方式（根据河南省现行基本电价标准，若客户实际用电负荷达到受电变压器容量和高压电动机容量的 20/28，适宜按变压器容量执行基本电费，若未达到 20/28，适宜选择按最大需量执行基本电费），或者建议客户采用“网上国网”App 能效账单，选择合适的基本电费计收方式。

（6）按照实际用户申请时间进行流程，因变更规则为当月申请、次月执行，须注意用户月末申请时，若月末当天未完成流程归档，会造成变更无法执行的情况。

（7）当月流程归档后，档案无法查询更改后的执行方式，计费当然仍显示原执行方式，可以在发起流程编号供电方案、电价策略中查看。

（8）如用户在月末前取消基本电价计费方式变更，应进行取消未生效基本电价计费执行方式，月末前可以取消，次月 1 日取消无效。

（9）客户由原来的按变压器容量执行更改为按实际最大需量执行基本电费，流程中计量环节需增加最大需量表，且如果存在变更类申请，最大需量表数值均需输入 0，严禁按照召测数据输入。

（10）客户更改为按最大需量执行基本电费需重点注意核查电源运行方式的选择是否正确，运行方式是否正确直接影响基本电费是否计收正确。对于按最大需量执行基本电费的，一户多计量点的客户两路及以上进线可以同时运行的，营销系统电源运行方式须选择“常用互为备用”（即两回及以上进线同时运行互为备用），注意不能为空，两路最大需量应叠加计收基本电费；对于两路及以上进线不能同时运行的，应选择一主一备。

2.8 居民峰谷变更

此业务仅适用于执行低压居民电价且为“一户一表”的客户变更为峰谷分时电价。

【流程管控点】

审批环节应由班所长进行审批。装换表审批环节应审核示数类型是否满足正确算费（电价执行）需求。

【业务管控点】

（1）申请资料：需提供户主身份证原件，委托他人办理的还需提供户主开具的委托书、户主及代办人身份证原件。

（2）办理时限：不超过 2 个工作日。

（3）居民峰谷变更流程中，计费信息中“是否执行峰谷标志”应选择“是”，计量信息中电能表示数类型应具备“有功（总）、有功（峰）、有功（谷）”，严禁算费记录示数类型缺失。

（4）居民峰谷分时电价由客户选择执行；用户未申请情况下默认不执行。

2.9 分布式光伏增容 / 减容

此业务适用于常规工商业分布式光伏客户、户用分布式光伏变更合同容量的用电。

【流程管控点】

审批环节应由主管副主任（供电中心专责）以上进行审批。

【业务管控点】

（1）申请资料：分布式光伏增容业务原则上参照新装业务要求，提供主体证明、产权证明和相关备案证明；减容业务需提供主体证明、相关备案证明。

（2）常规工商业分布式光伏在增（减）容之前应完成发展改革委备案，其中增容容量应单独设置计量点，补贴执行标准以备案时间所在政策执行前执行。

（3）常规户用分布式光伏应在增（减）容前 5 个工作日向供电公司提出申请，由供电公司代为进行发展改革委备案，其中增容容量应单独设置计量点，补贴标准按照过户备案时间所在政策执行中执行。不涉及电价变更的增容增设计量点，如存在补贴电价变动应重新备案并按新装受理。

（4）扶贫项目增（减）容之前应完成发改委、扶贫办备案，其中增容容量应单独立户，补贴执行标准以备案时间所在政策执行期执行，在未下达国家扶贫目录许可前按“0”补贴处理。

（5）以上方法只适用于消纳方式不变的情况，对增容部分消纳方式与原用户消纳方式不一致的，按新装处理。

2.10 分布式光伏更名 / 过户

此业务适用于分布式光伏用户的更名、过户。

【流程管控点】

审批环节应由主管副主任（供电中心专责）以上进行审批。

【业务管控点】

（1）申请资料：参照用电户的更名（过户）所需资料，且另需发展改革委备案批复文件。过户后的补贴标准按照过户备案时间所在政策执行期执行。

（2）常规用户分布式光伏应在更名前 5 个工作日向供电公司提出申请，由供电公司代为进行发展改革委备案或与发展改革委沟通修改备案；过户后补贴标准按照过户备案时间所在政策执行期执行。

（3）扶贫项目在取得市、县级及以上发改委、扶贫办同意后允许办理更名。

（4）扶贫项目不允许过户。

（5）分布式改类主要用于修正档案和更改台区。

3
计量管理

3.1 电能计量装置改造

此业务适用于更换表计或互感器。

【流程管控点】

电能计量装置改造流程由业务人员发起申请，“装换表审批”环节原则上由班所长进行，“拆回设备入库”环节应注意核对退库指数与拆回指数是否一致。

【业务管控点】

（1）计量装置装拆工作必须两人及以上进行，并相互检查，严格按照《国家电网公司计量标准化作业指导书》装拆与运维要求，在更换电能表之前通过张贴换表告知单、电话联系、短信等方式通知客户。

（2）严格执行“一拆一装”制度，在换表前认真核对户号和计量设备资产编号，严禁出现设备错位现象。

（3）现场与用户确认旧表底度和新表起度，若用户不在场可以通过张贴示数告知单或短信 / 电话方式与用户确认。

（4）原则上计量资产拆回后，必须全部回收入三级库房，之后由二级库房定时发起返库工单，向省计量中心进行返库工作；如资产损毁无法返库，应按资产报废管理要求提供相关佐证材料，发起资产报废流程进行逐级审批。

（5）拆换表流程需注意以下事项。

1）换表流程表底录入示数应不能小于营销上次抄表示值，不能小于最后采集示值。

2）若新装表计示值为小数点后 4 位的，应发起资产维护流程，确保营销系统示数类型保留两位，避免与采集系统只保留两位不一致导致负电量无法发行问题。

（6）换表当天新表务必采集成功。

（7）换表前后示数类型应一致，不允许换表后示数类型缺失。

（8）对光伏用户所用的两块电能表应尽可能为同一厂家，因不同厂家表计误差导致用户光伏发电电能表慢于上网电能表的，应及时校表或换表。

（9）现场装表接电应由一人装表，一人复核，具备条件必须带负荷校验，确保现场工作安全且接线正确，归档当日电能表必须采集成功。未在现场带负荷校验的应在 7 日内验证接线是否正确（可通过采集），避免因长期接线错误造成电量错计。

（10）指数为零的电能表更换必须有实物返库，运行 3 个月之内的电能表更换应写清原因，上报专责。

3.2 投运前管理

此业务适用于线路关口、台区关口和台区非关口的计量装置新装。

【流程管控点】

投运前管理流程由业务人员发起申请，“装换表审批”环节原则上由班所长进行。

【业务管控点】

（1）现场运行中的电能计量装置应严格按照《电能计量装置技术管理规程》（DL/T 448—2016）的要求达到相应的配置要求，主要是电能表、互感器准确度等级方面以及互感器配置数量方面，确保电能计量装置计量的合理性与准确性。

（2）核对新表起度与系统示数是否一致，避免发生计量差错。

（3）现场装表接电应由一人装表，一人复核，具备条件必须带负荷校验，确保现场工作安全且接线正确，归档当日电能表必须采集成功。未在现场带负荷校验的应在 7 日内验证接线是否正确（可通过采集），避免因长期接线错误造成电量差错。

3.3 计量点变更

此业务适用于关口表和台区关口表、互感器更换以及关口计量点档案的修改。

【流程管控点】

计量点变更流程由业务人员发起申请，“安装信息录入”环节应审核示数类型是否满足需求，“装换表审批”环节原则上由班所长进行，“拆回设备入库”环节应注意核对退库指数与拆回指数是否一致。

【业务管控点】

（1）计量装置装拆工作必须由两人及以上进行，并相互检查，严格按照《国家电网公司计量标准化作业指导书》中的装拆与运维要求执行操作。

（2）严格执行一拆一装制度，在换表前认真核对台区名称、计量点编号和计量设备资产编号，严禁出现设备错位现象。

（3）现场核对旧表底度和新表起度，杜绝示数录入错误造成的线损数据异常。

（4）综合台区下所有用户（用电 / 发电）情况，增减示数类型以满足计量需求。比如，某台区下现有发电用户，在安装信息录入环节应核查确认是否存在“反向有功（总）”示数类型。增加新示数类型时，表底应录入当日该示数类型指数，避免线损计算错误。

（5）原则上计量资产拆回后，必须全部回收入三级库房，之后由二级库房定时发起返库工单，向省计量中心进行返库工作；如资产损毁无法返库，应按资产报废管理要求提供相关佐证材料，发起资产报废流程进行逐级审批。

（6）现场装表接电应由一人装表，一人复核，具备条件必需带负荷校验，确保现场工作安全且接线正确，归档当日电能表必须采集成功。未在现场带负荷校验的应在 7 日内验证接线是否正确（可通过采集），避免因长期接线错误造成电量错计。

（7）指数为零的电能表更换必须有实物返库，运行 3 个月之内的电能表更换应写清原因，上报专责。

3.4 违约用电 / 窃电

此业务适用于违约用电和窃电的处理。

【流程管控点】

反窃电工作应落实“查处分离”要求，反窃电检查人员负责现场检查与取证，反窃电处理人员负责窃电处理，原则上，追补违约电费审批环节由营销部主任进行审核操作。“现场调查取证”环节应具体描述现场情况，上传现场照片与录像，“违约用电处理”“确定追补及违约电费”环节应正确分析用户窃电违约用电数据，详细填写处理情况。

【业务管控点】

（1）现场检查前，反窃电检查人员应严格按照现场作业安全规范要求，做好必要的人身防护和安全措施，携带摄影摄像仪器或现场记录仪、万用表、钳形电流表、证物袋等工具设备。

（2）现场检查时，检查人数不得少于两人，对于客户不愿配合检查的，应邀请公证、物业或无利益关系第三方等，见证现场检查。现场检查的取证应程序合法，证据链完整，实证清晰准确。可采取拍照、摄像、封存等手段，提取能够证明窃电行为存在及持续时间的物证、书证、影像资料等证据材料。

（3）已经查实的窃电违约用电，应予制止并可当场中止供电，注意明确停电处理程序和范围，合理处理现场停电流程；应在离开现场前做好客户主要负责人事实确认手续，对于客户不配合签字、阻挠检查或威胁检查人员人身安全的，需现场提请电力管理部门、公安部门等依法查处，并配合做好取证工作。

（4）完成现场检查后，反窃电检查人员应立即在营销业务应用系统发起窃电处理流程，并录入相关资料、证据等，避免客户恶意投诉。根据规定准确计算相关费用后，应向客户出示窃电违约用电应缴费用书面报告，并做好金额计算解释工作，做好客户签字确认手续；明确用户整改期限和费用缴付期限，与客户经常沟通，督促用户期限内完整客户义务，超限期未履行客户义务的，依照相关法规进行停电处理。

（5）窃电处理结束后，应按档案管理要求对窃电查处全过程资料进行归档，并长期保存；未进入行政或司法程序的窃电案件原则上应于 2 个月内办结归档；对于已经进入行政或司法程序的窃电案件，窃电处理应按行政或司法机关的生效法律文书执行，应及时跟踪进入司法程序的窃电案件，按季度向上级管理部门上报案件的进展情况。

3.5 资产管理

此业务适用于表计的管理、配送和回收。

【业务管控点】

（1）资产出库。关联低压居民新装（增容）、低压非居民新装（增容）、高压新装（增容）、装表临时用电、低压批量新装、分布式光伏新装（增容）、计量装置故障、改类、电能计量装置改造、投运前管理、计量点变更等业务流程，“配（备）表”“安装信息录入”环节应核对新表起度与系统示数是否一致，避免发生计量差错；“配送执行—配送出库”环节应核对入库单位、出库资产规格及数量，契合账实相符的要求。

（2）资产入库。关联计量装置故障、改类、电能计量装置改造、投运前管理、计量点变更、销户等业务流程，“安装信息录入”“拆回设备入库”环节，应现场确认旧表底度和新表起度；入库退库指数应与拆回指数一致；拆回资产及时返库；损毁资产应及时清账。“配送执行—配送入库”环节，应核对出入库单位、入库资产规格及数量，契合账实相符的要求。

（3）资产报废。资产损毁无法返库时，应遵循《国家电网公司计量资产全寿命周期管理办法》并按照资产报废管理要求提供相关佐证材料，发起资产报废流程进行逐级审批。

4 电费管理

4.1 非政策性退补

此业务适用于因人工抄表差错、电采差错、计费参数错误、计量装置故障等原因需要退补电量电费的情况。

【流程管控点】

申请人员应对电量电费退补基本情况进行认定，形成电量电费退补的初步方案，填写《电量电费退补审批单》，报申请单位负责人同意后，按照电费差错金额或电量分级，逐级履行审批手续，属地发起申请并进行一级审批，核算班班长、支持中心主任、市电力公司营销部主任进行逐级审批。其中差错电量在100万千瓦·时及以上，或差错金额在50万元及以上的，需经市电力公司营销主管领导审批。审批人员及纸质审批单审批权限见表4–1。

表4–1 审批人员及纸质审批单审批权限

序号	审批人员	纸质审批单审批权限
1	管理单位分管领导	无限额，全部审核
2	核算班班长审核	无限额，全部审核
3	市电力公司营销支持中心主任	无限额，全部审核
4	市电力公司营销部主任（含副主任）	差错电量在10万千瓦·时及以上100万千瓦·时以下或差错金额在5万元及以上、50万元以下须经营销部主任（含副主任）审批
5	市电力公司营销主管领导	差错电量在100万千瓦·时及以上，或差错金额在50万元及以上的，需经市电力公司营销主管领导审批

【业务管控点】

（1）因人工抄表差错、电采差错、计费参数错误、计量装置故障等原因需要退补电量电费时，应由管理单位对错误原因进行分析（电量电费退补分类见附录A），确定退补方案，填写《电量电费退补审批单》（见附录B）准备完整的佐证材料，进行电量电费退补申请，并在营销业务应用系统内发起电量电费退补流程，写明退补原因、计算过程并上传相关资料，营销业务应用系统应设置电费退补审批环节，经逐级审批后由管理单位对应核算人员完成退补发行。

发生表4-2情况时，应按规定及时发起电量电费退补流程。

表4-2 电量电费退补规定

分类	内容
抄表类	1）指人工抄表录入差错引起的退补； 2）提供资产编号清晰的现场核抄表计度示照片作为退补佐证
电采类	1）指由于采集数据项错误或缺失引起的退补； 2）核对电采系统冻结数据，核对营销系统中客户历史用电记录、用电容量、用电性质等信息，现场核查并比对现场表计度示，判断退补原因是否属实； 3）提供现场核抄表计度示照片以及电采系统示数截图作为退补佐证
计量类	1）指由电能表故障、错误接线、互感器故障、示数类型缺失以及计量工作票安装信息录入错误等引起的退补； 2）由于计量原因引起的退补，由计量专业进行故障情况判断并给出退补意见； 3）提供计量装置故障工作票复印件、计量专业签字确认的相关图片、文字说明等作为退补附件
业扩类	1）指由新装、增容工作票造成计费策略、参数错误、安装信息录入错误等原因引起的退补； 2）查阅营销系统中工作票内容、归档时间、结算时间等信息，确认参数录入错误、归档时间滞后等退补原因，并确定是否予以退补； 3）提供实际造成错误原因的情况说明，详细注明工作票归档时间滞后结算时间、工作票信息错误等情况，并附工作票复印件（或工作票系统截图）、系统计算错误截图及退补的详细计算过程

续表

分类	内容
用电变更类	1）指由减容、减容恢复、暂停、暂停恢复、改类、过户、更名、销户、并户、分户、暂拆、暂换、改压、迁址、移表、基本电费计价方式变更工作票造成计费策略、参数错误、安装信息录入错误等原因引起的退补； 2）查阅营销系统中工作票内容、归档时间、结算时间等信息，确认参数录入错误、归档时间滞后等退补原因，并确定是否予以退补； 3）提供实际造成错误原因的情况说明，详细注明工作票归档时间滞后结算时间、工作票信息错误等详细情况，并附工作票复印件（或工作票系统截图）、系统计算错误截图及退补的详细计算过程
档案类	1）指档案错误时间较长无法追溯的档案信息异常、市场化建档异常引起的退补； 2）提供实际造成错误的异常档案信息截图、系统计算错误截图及详细的计算过程
系统类	1）指由系统程序不完善造成算费结果有误引起的退补； 2）提供系统运维项目组提供的运维平台处理意见截图等佐证材料
政策类	1）指因电价政策调整或政策规定，需发起电量电费退补流程进行补收或退还电费的退补； 2）提供相关政策文件作为退补佐证材料
其他	1）指除以上错误类型外的由不可抗力、配合政府工作等其他原因引起的退补； 2）提供实际造成错误的情况说明及详细的计算过程

（2）《电量电费退补审批单》按填写说明规范填写、并履行各级审批后，由管理单位发起营销业务应用系统退补工单，详细填写退补原因、责任人（部门）、退补理由及依据、退补起止时间、详细计算过程等内容，正确选择退补差错类型，填写内容须与纸质审批单内容一致，并在营销业务应用系统上传电量电费退补审批单及相关佐证扫描件。

（3）纸质《电量电费退补审批单》由申请人履行必须的签字流程后，将审批单及佐证材料及时移送至管理单位对应核算人员，退补发行后，管理单位应将退补申请单及佐证材料进行整理，并归档保存。

（4）对于存在人员责任的业务差错问题，要按营销差错管理办法进行处理，处理意见需作为退补佐证扫描上传营销系统。

4.2 销户退费（转移）流程

此业务适用于销户客户电费预存余额退费或预收转移至其他账户。

【流程管控点】

由业务人员发起申请或销户后跳转至有发起权限的账号上，流程实行三级审批，同一营销账号仅能审批一级，严禁同一账号具备两级或两级以上的审批权限；原则上，一级审批人员为业务班班组长（专责），二级审批人员为营销部主任（三区为账务班班长审批），三级审批人员为营销部副总经理（三区为中心副主任及以上审批三级。

【业务管控点】

（1）申请环节应注意审查申请资料是否齐全，申请资料应上传营销系统，审批人员应注意审查，资料审查要点如下。

1）居民客户销户电费账户预存余额退费时，需客户提供身份证复印件、银行卡或存折复印件等，如客户本人不能到达现场办理的，需代办人同时携带客户授权委托书、代办人身份证复印件。所有涉及客户签字的内容，必须由客户本人或代办人在签字处按手印，并填写《国网 ×× 供电公司客户预存余额退费（转移）申请单》（见附录 C）。若客户死亡，需经办人提供死亡证明、直系亲属关系证明（户口本或居委会 / 村委会及以上证明），方可由继承人来办理相关手续。

2）非居民客户销户，电费账户预存余额退费时，需客户提供以下资料：

企业营业执照（主体证明）复印件、法人身份证复印件、企业银行账户信息、授权委托书、经办人身份证复印件，收款收据（见附录D），退款时，营销系统截图并盖章一并交本单位财务部门退费，营销财务应于同一账期完成记账处理。

对于个体工商户性质的企业用户或企业银行账户已注销的用户，无法退款至企业对公账户，需退费至法人个人银行账户的情况，另外需提供所有股东的身份证复印件及法人银行卡复印件，并附加相关的情况说明或企业银行账户注销证明。

所有客户签章处、复印件、说明材料均需加盖公章（个体工商户无公章的需签字并按手印），并填写电费预存余额退费（转移）申请单。

3）确认申请资料齐全后应完成《电费预存余额退费（转移）申请单》（见附录C）的逐级审批，发起流程申请并上传相关资料，纸质资料应及时移交至本单位电费账务班负责人并存档。

4）销户余额互转除以上资料外，还应同时提供余额互转承诺书（见附录E、附录F，授权委托书见附录G、附录H）。

（2）客户经理在为用户办理销户流程时，对销户后有仍有余额的，应主动告知用户需办理余额退费（转移）业务，避免销户预存电费未及时清退引发电费风险。

（3）应每年定期清理营销系统中存量的销户客户余额，应提前在营业网点、当地主要媒体上对此类用户进行依法公告（公告期2个月），公告期间内，如有公告名单内的用户申请办理预存余额退费，则应按照电费预存余额退费相关规定办理退费。公告期满后，对预存余额仍无法清退的用户，应协商审计、财务、经法部门形成法律意见书，并报经公司总经理办公会议审定后，营销财务同一账期内完成预存余额转营业外收入处理。电费预存余额转营业外收入申请单见附录I。

4.3 退费

此业务适用于客户主动申请预收余额退费。

【流程管控点】

退费流程由业务人员发起申请，流程实行三级审批，同一营销账号仅能审批一级，不允许具备两级或两级以上的审批权限；原则上，一级审批人员为业务班班组长（专责），二级审批人员为账务班，三级审批人员为营销部主任。

【业务管控点】

（1）营财退费应在同一会计期间内完成。退费申请实行线上线下双审批制度，严格履行审批流程。

（2）财务已退费而未反馈退费成功标识给营销业务应用系统时，由营销账务人员联系财务部门核查原因，重新推送退费成功标识，待退费流程归档后，生成记账凭证。

（3）月末实收关账前应与财务核对退费金额，如有差异，应找出差异原因并及时处理。对于财务退费标识回传错误的情况，财务部门应当月反馈原因并尽快解决，若推迟支付，应由营销人员做好客户解释工作。

（4）若为错缴退费，应提供双方证明、户主同意证明、缴费证明、情况说明（盖章）。

4.4 违约金暂缓

此业务适用于供电公司原因或不可抗力导致客户逾期缴费产生的违约金减免。

【流程管控点】

（1）电费违约金免收通常由市电力公司供电部主任或县公司营销部主任进行一级审批；县公司单笔电费违约金免收金额在 10 万元及以上的由县公司总经理进行审批。

（2）电费违约金免收由市电力公司营销支持中心主任进行二级审批。

（3）电费违约金免收由市电力公司营销部主任进行三级审批。

（4）单笔电费违约金免收金额在 2000 元（包含）至 20 万元的，由市电力公司分管领导进行四级审批；金额在 20 万元以上的，由市电力公司总经理进行五级审批。

（5）违约金免收完成后，账务班及申请单位（部门）应将《电费违约金免计审批单》（见附录 J）归档并长期保存。

【业务管控点】

严格按合同或协议约定执行电费违约金制度，不得随意减免电费违约金，由下列原因引起的电费违约金，可经审批同意后实施电费违约金免收。

（1）供电营业人员抄表差错或电费计算出现错误，影响电力客户按时缴纳电费。

（2）因非电力客户原因导致银行代扣电费出现错误或超时，影响电力客户按时缴纳电费。

（3）因营销业务应用系统电力客户档案资料不完整或错误，影响电力客户按时缴纳电费。

（4）因供电公司账务人员未能及时对银行进账款项确认，造成电力客户欠费产生违约金。

（5）因营销业务应用系统或网络发生故障，影响电力客户按时缴纳电费。

（6）因不可抗力、自然灾害等原因导致电力客户无法按时缴纳电费。

（7）其他因供电公司原因而产生的电费违约金。

4.5 冲正

此业务适用于收费员对当日错收收费进行冲正的情况。

【流程管控点】

营业人员发起申请，账务班班长审批。

【业务管控点】

（1）收费人员对错收收费进行冲正流程操作原因需填写清晰，坚决杜绝收费记录跨考核期冲正。

（2）严禁在未收到客户电费时即在营销业务系统进行电费实收操作，再在电费回收考核日后进行收费冲销。该行为存在为完成电费回收指标而虚假实收的问题。

（3）严禁隔日冲正。

4.6 错转处理 / 不明款项认领

错转处理适用于客户错缴至其他客户银行卡管家卡账户的情况；不明款项认领适用于客户错交至省电力公司银行卡主账户的情况，均可进行调账。

【流程管控点】

（1）错转处理由属地错转方管理单位申请，转出方管理单位三级审批（属地营销部主任一级审批，营销支持中心主任二级审批，营销部三级审批）。

（2）不明款项确认流程仅限省、市两级流转，严禁县公司人员工号配置相应权限。

【业务管控点】

（1）办理此业务需填写电费账户不明款项确认审批单、电费账户不明款项处理申请（错转）并签字盖章。

（2）收款人信息按营销系统触发的省账户信息进行填写，情况说明中需描述清楚因错转造成系统触发不明款项处理流程情况。

（3）错转处理用户提供营业执照、法人身份证复印件、银行回单、填写申请单（盖章确认）和错转调账流程审批单。

（4）因客户自身原因错缴需退费的，应提供双方证明、户主同意证明、缴费证明、情况说明（盖章）。

4.7 收费规范及安全

此业务适用于营业厅收费的情况。

【流程管控点】

（1）严格收费权限管理，严禁非收费岗位的人员账号配置收费权限，严禁已退休人员配置收费权限。

（2）严禁出现营销系统内一人多岗现象，不允许存在同一人拥有收费权限和账务权限或抄核权限，或同一人拥有电量电费退补申请权限和审批权限，或同一人拥有抄核收全流程权限。

【业务管控点】

（1）收费员收现金及自助缴费终端收费后，应当日解款（含节假日），“一对一”存款，解款后应在3日内完成存款到账，跨日存款需填写《现金盘点表》（见附录K）。

（2）不得以任何理由拒收现金。

（3）严禁员工代收代缴电费。电费收费过程中，严禁员工用私人银行账户代收代缴电费和公款私存。

（4）违约使用电费、高可靠费用等业务费务必发行后再缴费，欠费状态不允许发送下一步。应积极采用网上国网缴费，如果缴至收费员管家卡，须“一对一”及时收费（5天以内）、收费当天解款。

（5）发生代收渠道“一对二”等无法自动对账的情况，需要及时提工单后台解决，不允许手工对账。

（6）收费员只允许配置一个收费员管家卡。

（7）每日必须进行现金盘点，做到日清日结，按日编制现金盘点表，经供电营业厅（所）负责人签字，按月装订成册、及时归档。

（8）当日收取的现金及支票，应存入专用保险箱（柜）进行保管，保险箱（柜）存放资金应符合财务管理规定。不得以任何名义或方式截留、转存、坐支。

（9）营业厅找零现金，必须严格按照财务制度进行存放，大额现金不得滞留。

（10）严格区分电费资金和个人钱款，严禁截留、挪用、侵吞、非法划转、混用电费资金，严禁业务人员利用信用卡还款周期滞留电费资金或套取现金。

（11）各级供电企业营销部应加强供电营业厅（所）电费资金收取、存放期间及解交银行过程中的安全管理。设置图像监控、录音设备，用于记录收费业务全过程，配置专业验钞设备、保险箱（柜），用于当柜收取电费现金验钞、找零的临时存放保管。

4.8 收费关联户

此业务适用于建立收费关联关系，进行共同收费、电费预收抵扣。

【流程管控点】

严格收费关联户流程管理，由营业厅、供电所及客户经理受理电费关联户维护申请工作，并经逐级审批后完成关联关系绑定或解绑。其中属地营销部主任为一级审批，账务班班长为二级审批，营销支持中心主任为三级审批。

【业务管控点】

在申请缴费关联户时，根据实际情况需在《缴费关联户申请表》（见附录L）

后附相关佐证材料，具体如下。

（1）对于同一户名、同一集团不同户号间设置或取消关联关系，申请单位填写《缴费关联户申请表》（见附录L），另附客户提供的证明材料和申请（取消）说明（见附录M和附录N）。

（2）对于不同户名、不同户号之间，因客户要求设置或取消关联关系的，申请单位填写《缴费关联户申请表》（见附录L），另附客户双方共同签章的申请（取消）说明（见附录O和附录P）。

（3）客户为自然人的，需签字、按手印，并提供身份证复印件；客户为非自然人的，需提供加盖公章的营业执照复印件、法人身份证复印件、经办人身份证复印件、委托书。

4.9 电费催费

（1）客户账务联系人电话号码应正确，避免发生电费催缴通知单错贴、电费通知短信错发、停电错通知等问题。

（2）按规定的程序催交电费。

1）电费催缴通知书。

2）加强欠费停电管理，按照规定的程序对欠费电力客户实施欠费停电。停电通知书须按规定履行审批程序，在停电前3~7天内送达电力客户，可采取电力客户签收或公证等多种有效方式送达，并在电力客户用电现场显著位置张贴，拍照留存上传至营销业务应用系统；对重要电力客户的停电，应将停电通知书报送同级电力管理部门，在停电前30分钟再通知电力客户，方可在通知规定时间实施停电。

（3）全程留存音视频材料，欠费结清后45分钟复电。

5
电价执行

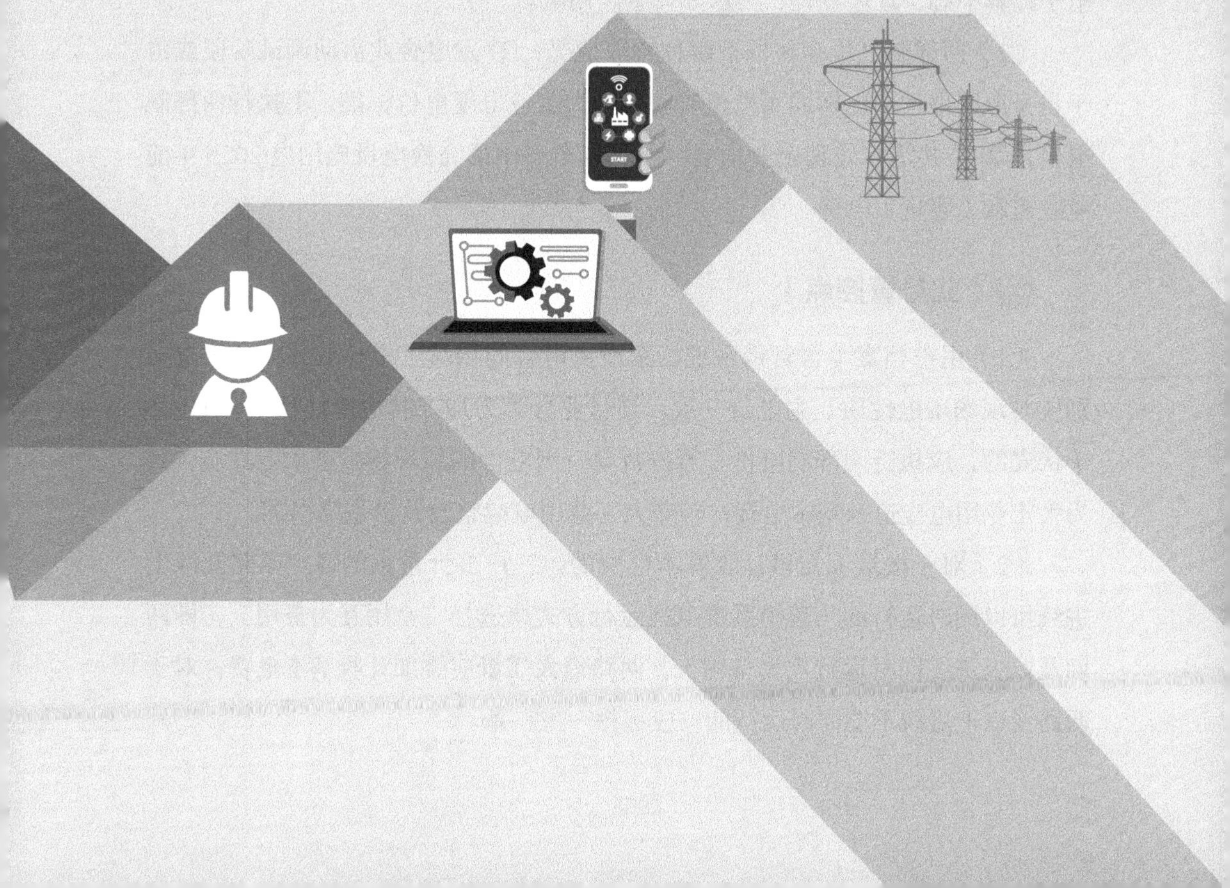

5.1 两部制电价

【执行范围】

变压器容量在 315 千伏安及以上的大工业用电执行两部制电价。

（1）大工业用电是指受电变压器（含不通过受电变压器的高压电动机）容量在 315 千伏安及以上的下列用电：① 以电为原动力，或以电冶炼、烘焙、熔焊、电解、电化、电热的工业生产用电；② 铁路（包括地下铁路、城铁）、航运、电车及石油（天然气、热力）加压站生产用电；③ 自来水、工业实验、电子计算中心、垃圾处理、污水处理生产用电。

（2）两部制电价存在以下两种特殊情况：① 发电企业启动调试阶段或由于自身原因停运向电网购买电量时，执行大工业电度电价标准，不执行两部制电价；② 公共污水处理企业用电、电动汽车集中式充换电设施用电 2025 年前免收需量（容量）电费。

【业务管控点】

（1）用户档案（含营销系统档案或供电合同档案）中行业分类、用电类别应与现场用电性质、主电价一致，当行业分类为加工制造业且容量大于 315 千伏安的，应执行两部制电价；若执行单一制电价的须现场核查用电性质，确为大工业用电应追补基本电费；若非大工业用电应整改营销系统档案。

（2）对于按最大需量计收基本电费的，一户多计量点的客户两路及以上进线可以同时运行的，营销系统电源运行方式应选择“常用互为备用”（即两回及以上进线同时运行互为备用），两路最大需量应叠加计收基本电费；对于两路及以上进线不能同时运行的，应选择一主一备。

（3）长期临时用电现场实际为大工业用电，应整改电价档案为两部制电价，追补少收的基本电费。

（4）对于同一用户名称同一用电地址，营销系统应立一户。同时注意核查两个及以上用户名称一致或用电地址一致，但合同容量相加大于等于315千伏安的用户是否存在漏计基本电费的情况。

（5）公共污水处理企业应有政府出具的认定证明，并向公司营销部备案后，方可免收基本电费。

（6）两部制电价客户须同时执行峰谷分时电价，计费信息中“是否执行峰谷标志”应选择“是”，计量信息中电能表示数类型应具备“有功（总）、有功（尖峰）、有功（峰）、有功（平）、有功（谷）、无功（总）、无功反向（总）”，严禁算费记录示数类型缺失。

5.2 力调考核

【执行范围】

功率因数标准0.9适用于160千伏安以上的高压供电工业用户（包括社队工业用户）、装有带负荷调整电压装置的高压供电电力用户和3200千伏安及以上的高压电力排灌站；功率因数标准0.85，适用于100千伏安（千瓦）及以上的其他工业用户（包括社队工业用户），100千伏安（千瓦）及以上的非工业用户和100千伏安（千瓦）及以上的电力排灌站；功率因数标准0.80适用于100千伏安（千瓦）及以上的农业用户和趸售用户。

【业务管控要点】

（1）执行力调考核的用户（除居民生活用电外的100千伏安以上用户，

注意不区分高低压），计费信息中，功率因数考核方式须为“按标准考核”，功率因数标准应正确，计量装置示数类型应有“有功（总）、无功（总）、无功反向（总）”，严禁算费记录示数类型缺失。

（2）居民生活用电不执行力调考核。

（3）按计量点（而非按户）的用电类别执行力调考核。

（4）临时用电用户应执行力调考核。

5.3 峰谷分时电价

【执行范围】

按照用电类别，分为居民峰谷分时电价和工商业峰谷分时电价。

（1）居民峰谷分时电价执行范围：由客户选择执行；用户未申请情况下默认不执行。

（2）工商业用户峰谷分时电价执行范围：大工业用户（除电气化铁路用电外）和用电容量100千伏安以上的非普工业，实行峰谷分时电价；一般工商业及其他用电中的商业用电和非居民照明用电以及电气化铁路市场化交易部分是否执行峰谷分时电价政策由用户选择。

【业务管控点】

（1）居民峰谷变更应注意计费信息中“是否执行峰谷标志”应选择“是”，计量信息中电能表示数类型应具备“有功（总）、有功（峰）、有功（谷）”，严禁算费记录示数类型缺失。

（2）大工业两部制电价客户应同时执行峰谷分时电价，计费信息中“是否执行峰谷标志”应选择“是”，计量信息中电能表示数类型应具备“有功（总）、有功（尖峰）、有功（峰）、有功（平）、有功（谷）、无功（总）、无功反向（总）”，严禁算费记录示数类型缺失。

（3）电动汽车充换电设施用电执行峰谷分时电价政策。鼓励电动汽车在电力系统低谷时段充电。

5.4 变损计收

【执行范围】

高供低计客户须计收变损。

计算用户基本电费（按最大需量计收时）、电度电费及功率因数调整电费时，应将上述损耗电量计算在内。

【业务管控点】

高供低计的用户应计算变损，变压器容量应与变损容量一致。一级计量点是高供低计，一级计量点变损计费标准与变损分摊标志均应为“是”，台区信息变损算法标志应为“按标准公式”，受电设备对应的损耗代码、容量应分别与损耗标准表的变压器型号、容量一致。

5.5 农业电价

【执行范围】

按照用电分类，分一般农业生产用电电和农业深井及高扬程排灌用电。

（1）一般农业生产用电电价：是指农业、林木培育和种植、畜牧业、渔业生产用电，农业灌溉用电，以及农业服务业中的农产品初加工用电的价格。

（2）农业深井及高扬程排灌用电：井深、扬程 50 米及以上的农业深井及高扬程排灌用电，应符合井深、扬程 50 米以上并且具有水利局出的证明材料，可执行农业深井及高扬程排灌电价；不符合该项条件的农业排灌应选择“农业生产用电”类别，执行电价为“一般农业生产用电电价”。

【业务管控点】

（1）农业、林业、牧业和渔业用电。

1）农业用电：是指各种农作物的种植活动用电。包括谷物、豆类、薯类、棉花、油料、糖料、麻类、烟草、蔬菜、食用菌、园艺作物、水果、坚果、含油果、饮料和香料作物、中药材及其他农作物种植用电。

2）林木培育和种植用电：是指林木育种和育苗、造林和更新、森林经营和管护等活动用电。其中，森林经营和管护用电是指在林木生长的不同时期进行的促进林木生长发育的活动用电，不包含木材和竹材采运、林产品采集等类别，不包括城市绿化林及绿化带、园林、森林公园等用电。

3）畜牧业用电：是指为了获得各种畜禽产品而从事的动物饲养活动用电，不包括专门供体育活动和休闲等活动相关的禽畜饲养用电，不包括狩猎和捕捉动物、其他畜牧业。

4）渔业用电：是指在内陆水域对各种水生动物进行养殖、捕捞，以及在海水中对各种水生动植物进行养殖、捕捞活动用电，不包括专门供体育活动和休闲钓鱼等活动用电以及水产品的加工用电。

以上所述农业、林业、牧业、渔业用电的界定原则，主要按种植、养殖的“第一环节”用电，其后续运输、宰杀、加工、储存、经销等的用电均不属于农业生产用电范围，通俗的讲就是种植的作物离开土地之后，养殖的水产品离开水之后，木材、竹材砍伐之后，饲养的禽、畜离开饲养圈之后。

（2）农业灌溉用电。是指为农业生产服务的灌溉及排涝用电。注意：营销系统中“农业排灌”用电类别仅特质井深、扬程50米以上的农业深井及高扬程排灌用电，不符合该项条件的农排应选择“农业生产用电”类别，执行电价为“一般农业生产用电电价”。

（3）农产品初加工用电。是指对各种农产品（包括天然橡胶、纺织纤维原料）进行脱水、凝固、去籽、净化、分类、晒干、剥皮、初烤、沤软或大批包装以提供初级市场的用电。

界定是否属于农产品初加工用电时，主要把握3项原则：① 不属于农副食品加工业用电；② 属于初次交易环节前；③ 向农民和农业合作组织倾斜，工厂化生产企业内的农产品初加工环节用电不单独区分并执行农业生产电价。

农产品初加工用电包括下列类别。

1）粮食初加工：小麦、稻谷的净化、晒干用电；玉米的筛选、脱皮、净化、晒干用电；薯类的清洗、去皮用电；食用豆类的清理去杂、浸洗、晾晒用电；燕麦、荞麦、高粱、谷子等杂粮的清理去杂、晾晒用电。

2）蔬菜初加工：新鲜蔬菜的清洗、挑选用电。

3）水果初加工：新鲜水果（含各类山野果）的清洗、剥皮、分类用电。

4）花卉及观赏植物初加工：观赏用、绿化及其他各种用途的花卉及植物的分类用电。

5）油料植物初加工：菜籽、花生、大豆、葵花籽、蓖麻籽、芝麻、胡麻籽、茶子、桐子、棉籽、红花籽及米糠等粮食的副产品的清理用电。

6）糖料植物初加工：各种糖料植物的清洗用电。

7）茶叶初加工：毛茶或半成品原料茶的制备活动用电。

8）药用植物初加工：各种药用植物的挑选、整理、捆扎、清洗、晾晒用电。

9）纤维植物初加工：棉花去籽、麻类沤软用电。

10）天然橡胶初加工：天然橡胶去除杂质、脱水用电。

11）烟草初加工：烟草的初烤用电。

12）大批包装：各类农产品初加工过程中的大批包装以提供初级市场的用电。

（4）其他农、林、牧、渔服务业用电和农副食品加工业用电等不执行农业生产用电价格。农副食品加工用电是指直接以农、林、牧、渔产品为原料进行的谷物磨制、饲料加工、植物油和制糖加工、屠宰及肉类加工、水产品加工，以及蔬菜、水果、坚果等食品的加工用电。根据《国家发展改革委关于调整销售电价分类结构有关问题的通知》（发改价格〔2013〕973 号），农副食品加工执行工商业价格。

5.6 居民电价

按照用电分类，分“一户一表”居民用电和居民合表用电。

【执行范围】

居民生活用电价格是指城乡居民家庭住宅，以及机关、部队、学校、企事业单位集体宿舍的生活用电价格。城乡居民住宅小区公用附属设施用电（不包括从事生产、经营活动用电）执行居民生活用电价格；学校教学和学生生活用电、社会福利场所生活用电、宗教场所生活用电、城乡社区居民委员会服务设施用电以及监狱监房生活用电，执行居民生活用电价格。具体如下。

（1）城乡居民住宅用电：是指城乡居民家庭住宅，以及机关、部队、学校、企事业单位集体宿舍的生活用电。

城乡居民住宅用电主要是指家庭住宅或集体宿舍内的生活照明和家用电器用电。利用居民、职工住宅、集体宿舍开办会所、商店、餐饮、美容美发、网吧等从事生产、经营活动用电，不执行居民生活电价，按其用电性质执行相应类别的电价。酒店式公寓等不执行居民电价。

部队集体宿舍用电是指部队营区内的宿舍生活用电，不含办公、训练、装备、指挥等用电。

（2）城乡居民住宅小区公用附属设施用电：是指城乡居民家庭住宅小区内的公共场所照明、电梯、电子防盗门、电子门铃、消防、绿地、门卫、车库等非经营性用电。

居民住宅小区公用附属设施原则上应当是非盈利性质、公益性、满足居民基本生活需求的设施，不包括经营性场所、公用事业单位（如供水、供热、供气、广电等）位于小区内的用电设施、集中供暖或制冷设施等。属市政管理的居民住宅小区道路照明不执行居民电价。

（3）学校教学和学生生活用电：是指学校的教室、图书馆、实验室、体育用房、校系行政用房等教学设施，以及学生食堂、澡堂、宿舍等学生生活设施用电。执行居民用电价格的学校，是指经国家有关部门批准，由政府及其有关部门、社会组织和公民个人举办的公办、民办学校，包括：普通高等学校（包括大学、独立设置的学院和高等专科学校）；普通高中、成人高中和中等职业学校（包括普通中专、成人中专、职业高中、技工学校）；普通初中、职业初中、成人初中；普通小学、成人小学；幼儿园（托儿所）；特殊教育学校（对残障儿童、少年实施义务教育的机构）。不含各类经营性培训机构，如驾校、烹饪、美容美发、语言、电脑培训等。

执行居民用电价格的学校，不含党校、教师进修学校、各类经营性培训机构和各类企事业单位培训中心等。学校兼营经营性培训的，应当分别计量计价。

各类学校应主动提供相关证明材料并与供电部门签订供用电合同，每 3 年履行资质认定程序。

（4）社会福利场所生活用电：是指经县级及以上人民政府民政部门批准，

由国家、社会组织和公民个人举办的，为老年人、残疾人、孤儿、弃婴提供养护、康复、托管等服务场所的生活用电。主要包括食堂、澡堂、宿舍等生活设施用电，非生活用电应执行工商业及其他用电价格。

各类社会福利场所应主动提供相关证明材料并与供电部门签订供电合同，每 3 年履行资质认定程序。

（5）宗教场所生活用电：是指经县级及以上人民政府宗教事务部门登记的寺院、宫观、清真寺、教堂等宗教活动场所常住人员和外来暂住人员的生活用电。主要包括宗教人员食堂、澡堂、宿舍等生活设施用电，对外经营性场所用电应执行工商业及其他用电价格。

（6）城乡社区居民委员会服务设施用电：是指城乡居民社区居民委员会工作场所及非经营公益服务设施的用电。城乡社区居民委员会是根据居民委员会组织法规定成立的城乡居民自我管理、自我教育、自我服务的基层群众性自治组织，不包括街道办事处等上级政府派出机关。城乡社区居民委员会与街道办事处合署办公的，不执行居民用电价格。

城乡社区居民委员会服务设施用电具体包括：城乡社区居民委员会办公场所用电；附属的非经营公益性的图书阅览室、警务室、医务室、健身室等用电；附属的福利院、敬老院以及为老年人提供膳宿服务的养老服务设施的用电；附属的托儿所、幼儿园的生活用电。

城乡社区居民委员会享受居民用电价格优惠，应到供电部门营业厅办理相关手续，并提供政府部门的审批文件，社区服务设施应提供规划、土地等部门出具的项目文件，并经现场用电核查，确认其实际使用性质与项目文件是否一致。

（7）监狱监房生活用电，不包括看守所、拘留所等政府机关附属机构用电。

（8）农村饮水安全工程供水用电：列入国家和省农村饮水安全规划，以解决农村居民饮用水为主要目标的乡镇及其以下供水工程中，农村居民饮用水的取水、抽水、输水等生产用电，不包括办公、生活等用电。

供水工程同时用于商业、灌溉用水的，应按照供水比例确定相应的用电量。

比例难以确定的，不执行农村饮水安全工程供水用电价格。

5.7 定量定比设置

【执行范围】

在用户受电点内难以按电价类别分别装设用电计量装置时，可装设总的用电计量装置，然后按其不同电价类别的用电设备容量的比例或实际可能的用电量，确定不同电价类别用电量的比例或定量进行分算，分别计价。供电公司每年至少对上述比例或定量核定一次，用户不得拒绝。

【业务管控点】

（1）对于协议定量户，要与定量设备产权方在供用电合同中明确定量设备数量、设备容量、定量电量、收费方式等内容。

（2）每年至少对定比或定量设备现场核定一次，原供用电合同中相关内容发生变化的，应立即进行调整，确保电量电费及时准确发行。

（3）对于“一户一表”用户中，“前商后居”或“定比定量”的用户应逐步过渡到分表计量，暂不能分表的仍按原办法确定居民生活用电量，对居民生活用电量部分执行阶梯电价。

6 合同管理

供用电合同

（1）用电方与供电方签订合同前，供电企业必须对其进行严格的主体资格审查；不具有独立承担民事责任资格的公司内设部门、筹建处或是政府的所属部门不得直接作为用电方主体申请签订供用电合同。

（2）委托代理人必须出具授权委托书，授权委托书应载明代理人的姓名或名称、代理事项、代理的权限范围、代理权的有效期限，并应由委托人签名或盖章。

（3）供用电合同必须每页都有骑缝章。

（4）当法人变更时，应及时办理新的授权委托书。

（5）严格按照供用电合同范本签订供用电合同，确保条款完整。重要事项发生重大变化时应当及时变更相应的合同条款。

（6）建立重要客户的供用电合同评审制度，组织调度、生产、发策、计量、财务、法律顾问等专业参与评审。

（7）供用电合同中必须明确供用双方的产权分界，产权分界文字表述应与产权分界示意图一致，且与实际一致。

（8）客户产权供配电设施，委托供电企业运行维护的，必须签订委托运行维护协议，明确安全运行维护责任归属。

（9）严格按照延伸投资界面后的供用电双方出资确定产权分界点。

（10）坚持先签订供用电合同，再依约送电的原则，杜绝先送电后签订合同现象，降低供电企业的法律风险；对于确实无法先签订正式供用电合同而有供电必要的，可以采取草签合同，对产权分界、供电设备维护管理责任、电费缴纳方式、正式合同的签订时间、草签合同的有效期限等重大事项进行约定等措施，使用电方尽快与供电企业签订正式供用电合同。

（11）对逾期或发生变更的合同及时续签或重签。书面供用电合同期限：高压用户不超过 5 年；低压用户不超过 10 年；临时用户不超过 3 年；委托转供电用户不超过 4 年。

7
典型案例

7.1 业扩新装

风险 1 业扩流程环节超时限

【案例描述】

某房地产客户到供电公司申请高压新装业务，业务人员受理后未进行系统同步受理，且未及时将业务资料流转至客户经理，造成 10 个工作日内无客户经理与客户联系开展现场勘查并答复供电方案，影响客户办电进度，超过规定时限。

【成因描述】

（1）业务受理环节存在漏洞，对新增业务的系统录入未开展有效监管，造成系统外流转。

（2）业务受理人员责任心不强，未及时将受理的申请资料内部流转至下一环节处理。

【措施及成效】

（1）加大监管力度，严格要求所有业务在柜台收资的同时进行系统录入。

（2）建立内部登记制度，对办理业务的客户开展定期回访，及时跟踪业务办理进度。

（3）加强监督监管，重点对系统外流转、推诿拖延等问题开展专项整治。

风险 2 投资界面执行不到位

【案例描述】

2020 年 7 月 21 日，某客户到供电营业厅申请办理非居民新装业务，营业厅业务人员按要求受理了该项报装业务，并录入了营销系统，当日安排台区客户经理联系客户进行了现场勘查，7 月 23 日台区客户经理在约定时间，带着电能表、表箱上门为客户进行安装，在安装时发现所带材料不全，为避免来回跑、图省事，就要求客户自行出资购买了产权分界点以上部分缺少的导线及辅材，在工程安装结束送电后，客户次日拨打 95598 进行反映，被下派为投诉工单。

【成因描述】

（1）台区客户经理在业扩报装现场勘查或工程实施过程中，优质服务意识不强，责任心缺失，现场勘查不到位，物资准备不充分，应由供电公司投资的物资，应投未投。

（2）在服务客户中存在惯性思维和麻痹大意思想，未严格按照文件要求，投资界面执行不到位，漠视侵害群众利益。

（3）违反“放管服”改革业扩报装工作的要求，严重影响优化营商环境工作，造成客户办电成本增加。

【措施及成效】

（1）加强基层营销人员对“电网投资界面执行要求”的知识培训，使相关人员熟悉投资界面范围，配套投资建设到客户红线，应投尽投。

（2）严格执行低压零成本接入，对于应由供电公司投资的物资，应投尽投。

（3）对于低压业扩配套所需材料，按公司计划要求，列入年度成本计划，进行实体储备按需领用，并视储备库存情况进行增补预算，增加补充库存，保障业扩配套物资应配尽配。

风险 3　“三不指定”未严格执行

【案例描述】

客户张先生到营业厅办理高压新装业务，客户经理刘某在勘查现场完毕后告知客户：“建议你们公司新装用电的内部受电工程施工还是由某电力安装公司来做，他们熟悉供电公司的内部业务流程和要求，施工质量有保证，可以确保你验收一次性通过。”看张先生半信半疑仍有顾虑，没有立即答应，客户经理刘某便一直向张先生介绍委托该公司施工的好处，在刘某的软磨硬泡下，张先生最终同意将内部受电工程交由该电力安装公司施工，但对刘某反复推荐唯一施工单位的言语进行录音。后期，张先生经了解后得知，该施工单位与客户经理刘某存在利益关系。新装业务办理完毕并装表接电后，张先生认为自身权益受到损害，于是向相关部门投诉。

【成因描述】

客户经理私自与施工单位达成利益输送关系，并利用岗位便利，变相指定客户施工选择。

【措施及成效】

（1）加大监管力度，形成常态化回访。

（2）严格监督，建立有效的监督手段。

风险 4　业扩报装流程系统外流转

【案例描述】

某公司于 2020 年 6 月新装 1 台 250 千伏安变压器（户号：5××××××63），执行电价为普通工业电价。该公司反馈此新装户（户号：5××××××63）送电日首次抄通时表计累计电量就达 11.81 万千瓦·时，与营销系统显示该户 2020 年 6 月送电不符。经查，该户厂区内另有 800 千伏安、400 千伏安变压器各 1 台，两台变压器所属户号分别为 5×××××××26 及 5×××××××73，均执行大工业电价。进一步核查发现此 3 台变压器分别为 3 处不同下线点下线，线路分别属于 X8 线及 X5 线。

【成因描述】

（1）业务受理人员在受理用电业务后未同步系统流转。

（2）客户经理在办电全流程环节中均未把关，在勘查、验收、送电等关键环节均未开展同步系统录入，最终形成“黑户”，造成电量流失风险。

【措施及成效】

（1）严格按照要求，对所有客户申请均实行当日受理，当日录入营销业务应用系统，坚决杜绝系统外流转。

（2）开展回访全覆盖，尤其要加强业扩重点环节的监管。

风险 5 业务费收取不规范

【案例描述】

某房地产开发公司申请两台 800 千伏安变压器新装业务。该两台变压器采用高压互联、互为备用的接线方式。某供电公司客户经理在核对图纸和现场实际接线方式后，未能按要求收取两台变压器的高可靠供电费。实际仅收取了一台 800 千伏安变压器的高可靠供电费，造成业务费少收。

【成因描述】

（1）该客户经理对业务费收取标准及收取政策掌握不到位。

（2）无有效监管审批，仅由一人便完成业务费确定和收取。

【措施及成效】

（1）开展负责人员业务能力培训，明确收费项目、收费标准，确保正确收取业务费。

（2）建立联合审批制度，多方把关。

风险 6 多计量点需量未累加计收，漏收基本电费

【案例描述】

某客户为双电源需量客户，系统中电源运行方式为一主用一备用，只按其中最大需量值较大的一路计收基本电费。但该客户自立户以来，两条线路均显示持续有电量，经现场核实，发现该客户实际两台电源均为主用电源，应累加计收基本电费，造成少计收客户基本电费。

【措施及成效】

（1）一户多计量点的客户两路及以上进线可以同时运行的，营销系统电源运行方式须选择“常用互为备用”（即两回及以上进线同时运行互为备用），注意不能为空，两路最大需量应叠加计收基本电费。

（2）对双电源客户抄表数据应重点审查。

（3）应积极开展双电源客户常态稽查。

风险 7　供电方案不规范，一址多户漏收电费

【案例描述】

（1）情况 1：经核实某户为工业用户，现场存在变压器两台，分别为 250 千伏安和 200 千伏安，经营销系统查询，250 千伏安变压器用户名称为 ×× 公司，200 千伏安变压器用户名称为 ×× 公司 2，均为普通工业用电，未征收基本电费。经查验，两台变压器为同一厂区用电，存在问题，需追补该用户基本电费 13500 元及 3 倍违约使用电费 40500 元。

（2）情况 2：某供电公司客户原运行容量 400 千伏安，2020 年 4 月 15 日申请在同一地址再新装 160 千伏安变压器 1 台，两处用电属同一产权证范围，通过简易隔板隔开。业务人员在现场勘查后，未指出存在一址多户问题，按新装流程答复了供电方案，造成基本电费收取错误。

【成因描述】

现场勘查不细致，违规出具存在一址多户问题的供电方案。

【措施及成效】

（1）高压新装（增容）、过户或更名必须勘查到位，并在系统进行户名和地址查重，避免出现一址多户。

（2）加强一址多户问题专项检查。

7.2 变更用电

风险 8 减容、暂停执行不规范

【案例描述】

某用户申请暂停用电，暂停当日，业务人员未到现场对停用设备加封印，仅电话通知客户停役。后客户因生产需要，在暂停日 5 天后才将设备停产停役。

【成因描述】

未按确定的停用时间对设备暂停，现场未进行加封，导致停用时间和营销业务流程中不一致。

【措施及成效】

（1）严格按照客户申请的停用（恢复）时间与容量实施封停（启封）工作，并同步录入营销业务系统。

（2）与客户共同复核需要封停设备，并要求在工作单中签字确认。

风险 9 变压器冷备不规范

【案例描述】

（1）情况 1：业务人员在对用户办理临时性减容时，把主备性质选择为“冷备用”，2021 年 8 月 3 日前现场变压器一直是停用冷备状态，但是 8 月 3 日走暂停恢复流程时变压器冷备状态未更改为主用状态，造成 8 月 3 日至 11 月 15 日少收基本电费 34436.17 元。

（2）情况 2：某大工业用户合同容量和运行容量都为 4000 千伏安，现场为两台变压器，系统档案中一台铭牌容量为 2000 千伏安，主备性质为主用，状态为运行；另一台铭牌容量为2000千伏安，主备性质错误选择为冷备，状态为运行。冷备变压器业务不规范，导致漏收基本电费。

【成因描述】

未核实现场变压器状态，系统档案与现场不一致，冷备变压器业务不规范导致漏收基本电费。

【措施及成效】

对于“冷备用”变压器应定期现场核查变压器运行情况和设备加封情况，对于现场变压器未加封或现场启用状态的，应追补基本电费和违约使用电费。

风险10 减容恢复、暂停恢复执行不规范

【案例描述】

某用户6月18日暂停运行容量至100千伏安，执行普通工业电价，定价策略为单一制，6月23日暂停恢复运行容量为575千伏安，暂停恢复时因业务人员录入错误，执行电价及定价策略未及时变更，导致电费计算错误且漏计基本电费4.5万元。

【成因描述】

暂停恢复时未核对客户容量、用电性质，定价策略未及时变更。

【措施及成效】

加大暂停恢复业务管理监督，普通工业客户暂停恢复后容量大于315千伏安，电价策略方案应更改两部制，基本电费选项为按容量或者实际最大需量，电价方案更改为大工业电价。

风险11 更名、过户不规范

【案例描述】

某商业用户通过“网上国网”App办理更名手续，但实际用户法人代表发生变更，按要求应办理过户手续。无业务人员未对用户主体进行审核，仍按用

户申请更名业务办理，导致过户前后电费未交割，合同未及时签订。

【成因描述】

业务人员未核对用户信息，未核对用户更名、过户主体，造成过户前后电费未交割，合同未及时签订，产生纠纷。

【措施及成效】

（1）业务人员应按约定时间到达现场，按规定开展现场查勘工作，严格审核客户主体、用电地址、用电容量、用电类别等信息，并要求用户在工作单中签字确认。

（2）业务人员应在规定时间内按用户实际信息重新签订合同，并完成营销业务系统流程，完成电费交割手续。

风险 12　销户执行不规范

【案例描述】

某供电公司业务人员在为用户办理销户流程时，未告知用户需办理余额退费业务，导致用户销户后电费账户上仍有余额。

【成因描述】

未告知用户需办理余额退费业务，用户销户后销户电费预收费未及时清退。

【措施及成效】

检查用户是否存在预收电费余额，若有预收电费余额应告知客户需准备的资料，通知客户办理余额退费业务，电费预收费全部清退后方可完成销户手续。

7.3 计量管理

风险 13 计量资产拆回管理不规范

【案例描述】

2018—2020 年期间，某供电公司营销系统显示申请丢失由公司统一配送的电能表 26000 只，其中单相表 22500 只，三相表 3500 只。根据该公司 2013—2016 年电能表招标价格计算，单只单相表平均招标价 162 元 / 只，单只三相表平均招标价 418 元 / 只，经测算，因丢失电能表损失金额 510.8 万元（未计算折旧费），存在计量资产流失风险。

【成因描述】

计量资产拆回丢失是国家电网公司、审计监察、稽查监督等各类巡查、检查的重大风险源。存在客户用电电量流失和供电公司计量资产流失风险，影响供电公司利益。存在投诉等供电服务风险，影响供电企业的形象。

【措施及成效】

（1）各单位与当地政府（拆迁办）保持常态联系，客户拆迁及时进行现场停电、拆除表计。

（2）各单位网格化服务机构和供电所的拆回计量装置应由专人负责保存并及时返还省电力公司营销服务中心。

（3）各单位负责计量装置管理，确保计量箱完好并加锁加封。

（4）各单位负责计量装置运行监控、现场运维和隐患排查，及时发现并处理电能表接线松动、发热、过负荷等隐患。

（5）各单位对于非供电公司责任造成的计量装置丢失，由客户按照原价进行赔偿。

风险 14　运行计量装置管理不规范

【案例描述】

该户为非光伏客户，存在反向有功示数，反向电量底数为 27997.03，CT 变比为 50/5，电量 279970 千瓦·时，应追补电费 14.81 万元。

现场核查发现该户电能表在 4 月 17 日已进行更换。经营销系统与采集系统数据对比，原表计反向有功电量全部漏收，需追补流失电费。

【成因描述】

（1）非光伏客户存在反向有功电量，导致电费无法计算收取，且电量流失影响台区线损计算，造成供电公司经营效益受损。

（2）供电公司计量人员业务能力不足，管理存在漏洞。

【措施及成效】

（1）现场计量人员严格按照正确接线方式进行装表接电，验收人员严格按照验收流程标准进行验收。

（2）计量人员在客户送电后首个抄表周期内对计量装置进行检查。

（3）用电检查人员按照负荷分类定期对用电负荷计量装置进行检查。

（4）常态化开展反向电量数据筛查工作，定期反馈核查处理结果。

风险 15　换表不规范导致电价执行不准确

【案例描述】

（1）情况 1：某用户系统中执行力调考核，但是无功示数类型缺失异常，经核查发现，2021 年 10 月 21 日该用户现场表计损坏，走计量装置改造流程时，由于业务人员在处理电能计量装置改造工单时，将无功示数类型拆除后没有重新配置，导致智能电能表未抄取无功反向总示数、无功总示数，造成力调电费计算不准确，少收力调电费。

（2）情况 2：某用户为大工业用电，经现场核查，2021 年 10 月 23 日至

11月9日因换表资产变更流程未对用户添加电能表示数类型（尖、峰、平、谷、最大需量示数），导致分时电价错误，电费少计算和漏算基本电费，需要追补用户电费14510.54元。

（3）情况3：经核实，某用户为一般大工业用电，执行分时电价，2021年6月19日计量人员更换电能表时未将示数类型勾选，造成运行电能表峰谷示数类型异常，造成少计电量电费。

【成因描述】

业务人员换表不认真，未核对装拆示数类型，导致换表后示数类型缺失影响力调、峰谷电价执行，少收电费。

【措施及成效】

换表前后示数类型应一致，不允许换表后示数类型缺失。安装信息录入环节应核查示数类型是否满足正确算费（电价执行）需求。

7.4 电费管理

风险16 收费业务处理不规范

【案例描述】

对某单位进行审计时，经比对，2017年至2019年6月期间所有电费账户银行交易流水明细与2018年末主业全体员工花名册，发现被审单位存在客户电费通过员工个人银行账户进行缴费的情况，涉及转账笔数上千条、转账金额达上百万元，涉及员工几十人，存在较大的电费资金安全隐患。

【成因描述】

电费资金作为供电公司的主营业务收入，对供电公司的发展至关重要。电费收缴过程中的不规范处理，电费资金公款私存，存在截留、挪用电费资金或私设“小金库”的风险。员工将代收电费会同个人存款汇总后存入银行账户，故无法将代收金额与代缴电费金额逐一核对，也无法准确区分占用电费资金利息与个人利息，存在电费资金安全隐患。

【措施及成效】

（1）加强电费资金安全管理，规范管理基层电费收费工作，安排专人核查员工代收代缴电费的情况，避免公款私存、资金挪用的情况发生。

（2）制定电费收费相关业务规范，有效防范类同问题重复出现。

（3）拓宽用电客户的缴费渠道，大力推广电子化缴费渠道，宣传便捷、先进、安全的电费缴费方式。

风险 17　非政策性退补不规范

【案例描述】

某高压客户 5 月 30 日 A 相计量电压失压，需对故障期间的电量电费进行退补。该户纸质审批单上最终退补电量为 27735 千瓦·时，退补电费为 17367.06 元，系统内出账退补电费为 17 元，相差 0.02 元，同时纸质审批单人员签名与系统人员不一致。

【成因描述】

（1）核算人员在电量电费退补审核过程中，责任心缺失造成纸质退补审核单与系统内容不一致，影响退补真实性。

（2）营销系统内存在一人多岗现象，同一个人拥有电量电费退补申请权限和审批权限。

【措施及成效】

（1）严格按照《供电营业规则》《国家电网有限公司电费抄核收管理办

法》、有关技术规程、固定证据材料，精确计算退补电费。

（2）梳理营销系统人员权限，对一人多岗现象进行权限调整。

（3）严格落实非政策性退补逐级审批制度。

（4）常态开展非政策性退补检查，通过现场检查、系统抽查等方式对非政策性退补情况进行监督。

风险 18 电费虚假实收

【案例描述】

抽查国网 ×× 供电公司 2018 年 1 月～2018 年 9 月当日收费未解款记录共计 233 条，涉及金额 242.01 万元。其中，5 日内未及时解款 129 条，涉及金额 130.80 万元。超过 5 日未及时解款 104 条，涉及金额 111.20 万元。

【成因描述】

客户实际已缴纳电费，收费人员坐收收费后未解款，造成电费资金无法及时归集，存在截留、挪用电费资金的风险。

【措施及成效】

规范电费管理，解款后及时进行到账确认，不得在未实际收取电费的情况下进行营销系统销账处理，对解款和到账及时率进行常态监控，分析电费解款不到账原因，防范电费回收及资金安全风险。

风险 19 催费业务处理不规范

【案例描述】

营销业务系统中，B 客户联系号码为 A 客户，系统将欠费信息错误发送至 A 客户，造成停电引发客户投诉。

【成因描述】

欠费信息发送错误，不利于电费催收，还可能引发投诉风险。

【措施及成效】

（1）加强客户信息管理，修改完善客户档案信息，加强日常档案维护工作管控。

（2）制定电费催费相关业务规范，防范日后相同问题出现。

7.5 电价执行

风险 20 两部制电价执行错误

【案例描述】

某供电公司在对超长时间临时用电户进行专项稽查的过程中，发现某客户，合同容量为 630 千伏安，立户日期为 2017 年 4 月 24 日，行业类别为建筑陶瓷制品制造，用电类别为非工业，客户行业分类与临时用电性质不符，且客户临时用电的期限已超过 3 年。相关业务人员在对临时用电客户进行审核时，未发现客户用电已超出“临时用电”范围，应列入执行“两部制电价”的大工业，造成少计收基本电费，影响企业经营收入。

【成因描述】

（1）相关业务人员在报装现场勘查过程中，责任心缺失造成客户定价与现场实际不符。

（2）临时用电审查不严，造成电费流失。

【措施及成效】

（1）加强业务人员电价政策知识培训，使相关人员熟悉电价政策，提高判断异常问题的能力。

（2）各级管理部门加强电价政策执行的监管，定期开展电价专项稽查，逐级压实责任，确保电价执行正确。

风险 21　力调考核执行错误

【案例描述】

（1）情况 1：某户用电类别为商业用电，运行容量为 1760 千伏安，经核实，系统内功率因数考核标准设置为不考核，力调执行错误。

（2）情况 2：某用户于 2020 年 8 月 12 日申请高压增容业务并新增一块商业分表，业务人员将该商业套表的功率因数标准和考核方式错误填写为“不考核”，力调执行错误。

（3）情况 3：某新装用户，变压器容量为 160 千伏安，用电类别为非工业，系统功率因数考核标准错误执行 0.9。

【成因描述】

因业务人员将用户功率因数考核方式或功率因数执行标准设置错误，导致用户力调电费计收错误。

【措施及成效】

（1）开展电价政策业务知识的培训，使业务人员熟悉有关电价政策的文件，提高其判断力调电价异常问题的能力。

（2）严格按电价政策文件中关于力调电价的执行范围在系统中正确维护力调电价。执行力调考核的用户计费信息中，功率因数考核方式须为“按标准考核”，功率因数标准应正确，计量装置示数类型应有“有功（总）、无功（总）、无功反向（总）”，严禁算费记录示数类型缺失。

风险 22　居民合表电价执行错误（居民合表大电量）

【案例描述】

（1）情况 1：某居民用户 2020 年至今月均用电量达到 5000 千瓦·时，峰谷比严重失衡，不符合居民生活用电习惯。经现场核实，该用户实际为沿街商铺。

营销系统用电类别为居民生活用电，用电类别执行错误，电价执行错误。

（2）情况 2：经现场核查，某用户原为居民户共用小产权房，执行居民生活合表电价，2020 年 10 月该房址拆迁，用户私自把该表计用于冷库用电，未申请变更用电性质。2021 年 11 月 18 日业务人员对用户电价进行变更，并对其进行违约处理。

【成因描述】

居民用户现场实际为非居民用电。

【措施及成效】

加强居民电价监督检查，定期组织开展专项稽查，确保电价执行正确。

风险 23　农业电价执行错误

【案例描述】

（1）情况 1：经核实，某用户于 2018 年 6 月 19 日申请农业生产用电，现场为 50 米以下井深浇地使用，因业扩人员业务不熟练，电价错误录入为农业深井及高扬程灌溉电价，实际应录入电价为一般农业生产用电［0.4842 元 /（千瓦·时）］。

（2）情况 2：经现场核实，用户原为养殖用电，之后用户变更为生产包装箱用电，未及时申请变更用电性质，需更改电价并追补差额电费。

【成因描述】

对农业深井及高扬程灌溉电价政策掌握不到位；客户存在高价低接，违约用电。

【措施及成效】

加强农业电价的培训及监督检查，定期组织开展农业电价专项稽查，确保电价执行正确。

风险 24　中小学照明电价执行错误

【案例描述】

（1）情况 1：某用户原为 ×× 小学用电，2021 年 4 月变更为商丘市 ×× 局执法支队用电，并进行了系统更名，应执行非居民照明电价，但业务人员未及时将电价进行更改。

（2）情况 2：某学校 2019 年 7 月至 2020 年 8 月每月用电量达到 1500 千瓦·时左右，且 1、2 月和 7、8 月（寒暑假期间）电量未明显下降，反而呈上升趋势，不符合学校用电特点，经现场核实，用户已过户为塑料生产企业。

【成因描述】

（1）对更名和过户业务执行不规范，更名业务仅适用于用户主体证明名称发生变化（居民和企业名称变化），且产权证明没有变动的情况，对于产权证明发生变化的，应办理过户业务。

（2）业务人员在对过户用户重新核定电价流程中，未按照用户现场实际用电情况修改用户电价，导致用户电费计收错误，影响企业经营收入。

【措施及成效】

加强更名业务规范和监督检查，加强中小学电价监督检查，定期组织开展学校电价专项稽查，确保学校电价执行正确。

风险 25　居民分时电价执行错误

【案例描述】

（1）情况 1：经核实，某用户实际为居民生活用电，没有申请居民分时，应执行居民生活电价（＜1 千伏）农村 7 分维管费。2018 年 5 月在新装录入流程中，业务人员将电价选为“居民分时电价”，导致异常。

（2）情况 2：经核实，某用户于 2018 年 8 月申请执行居民生活分时电价，业务人员办理时未添加“有功（峰）”和“有功（谷）”示数类型，系统内计量装置示数类型只有“有功（总）”，且每个月的抄表电量全部按峰段电价计算电费，电费计算有误。

【成因描述】

对政策掌握不准确，未发现执行电价错误；示数类型缺失造成峰谷电价执行不准确。

【措施及成效】

执行峰谷分时电价的用户应注意核查计费信息中“是否执行峰谷标志”应选择“是”，计量信息中电能表示数类型应具备“有功（总）、有功（峰）、有功（谷）”，严禁算费记录示数类型缺失。

风险 26　变损计收错误

【案例描述】

（1）情况 1：经核实，某用户现场计量信息为高供低计三相四线接入方式，因业务人员在 2019 年 3 月 6 日走高压新装时，错误制定为高供高计三相四线接入方式。变压器首次运行日期为 2019 年 6 月 5 日，已于 2021 年 10 月 15 日更正计量方式为高供低计，该户变压器容量为 250 千伏安，执行商业电价，需追补 2019 年 6 月至 2021 年 10 月变损电量 23457 千瓦·时，电费 17431.14 元。

（2）情况 2：某用户变压器容量与变损容量不一致，经核实，该户营销系统变压器容量为 200 千伏安，计量点容量入错为 100 千伏安。现场核查变压器铭牌显示容量为 200 千伏安。目前高压业务人员走改类流程将计量点容量更改为 200 千伏安。需追补 2021 年 7 月至 8 月少计的变损电量 170 千瓦·时，电费 92 元。

（3）情况 3：经核实，某户为专用变压器用电，计量方式为高供低计，原有一台 200 千伏安变压器，2021 年 10 月 14 日用户申请高压增容流程，业务人员疏忽大意将变损算法标志错误选择为“按定比”，造成该户变损电量未计算，已通过改类流程将变损算法标志更改为“按标准公式”，需对未计算的变损电量进行追补。

【成因描述】

现场计量方式与系统不一致；变损参数设置错误，导致用户电费计算错误。

【措施及成效】

高供低计的用户应计算变损，变压器容量应与变损容量一致。一级计量点是高供低计，一级计量点变损计费标准与变损分摊标志均应为“是”，台区信息变损算法标志应为“按标准公式”，受电设备对应的损耗代码、容量应分别与损耗标准表的变压器型号、容量一致。

风险 27　定量定比设置不合理

【案例描述】

（1）情况 1：某居民用户 2017 年 10 月设置定比定量，定量商业用电 200 千瓦·时，此后 3 年没有重新核定过，同时该用户自 2019 年后每月主电价用电量均未达到定量值 200 千瓦·时。导致该用户电费长期计收错误，引起用户投诉。

（2）情况 2：某普通工业用户有宿舍楼申请居民定比电量，业务人员现场核实定比 40% 的居民生活电价，后发现为宿舍一层屋内及院中有部分生产设备，定比量核定值不正确。现场业务人员现场信息核实不准确，造成将生产设备按居民生活电价定比电价设置，导致电费差错。

【成因描述】

未按规定周期开展参数核定；未根据现场实际情况设置定量定比参数。

【措施及成效】

每年至少对定比或定量设备现场核定一次，对于“一户一表”用户中“前商后居”或“定比定量”的用户应逐步过渡到分表计量。

7.6 合同管理

风险 28 合同签订的主体不合法或合同有效性存在问题

【案例描述】

某一高压用户户名为 ×× 贸易公司，与供电公司签订供用电合同时，合同签订方为该公司下属单位 ×× 公司，因 ×× 贸易公司资金存在困难，电费不能及时缴纳，×× 贸易公司提出合同签订方不一致，不肯缴纳电费。

【成因描述】

供电公司客户经理签订供用电合同时，未认真核对合同主体，造成签订的供用电合同无效，电费回收存在困难。

【措施及成效】

用电方与供电方签订合同前，供电公司必须对其进行严格的主体资格审查。

风险 29 合同附件不完整、必备条款不完善

【案例描述】

供电公司与某公司于 2018 年 6 月签订的高压供用电合同仍采用 2016 年的供用电合同模板，未采用最新合同版本。

【成因描述】

业务人员未按规定起草供用电合同，部分条款会不满足当前供电要求，造成供电企业权利无法保障，责任不明晰等相应风险。

【措施及成效】

供用电合同的起草严格按照统一合同文本的条款格式进行。如需变更，应在“特别约定”条款中进行约定。加强供用电合同签约人员培训。

风险30 合同产权归属与运行维护责任不明确

【案例描述】

某一高压用户户名为××贸易公司，与供电公司签订的供用电合同产权分界点为用户进线电缆与上级开关站出线间隔搭接处，实际现场为用户进线电缆与高配间隔搭接处，合同与现场不一致。某一天，因进线电缆故障停电造成用户损失，用户以供用电合同规定进线产权为供电公司，要求供电公司赔偿损失。

【成因描述】

业务人员签订供用电合同时，未认真核对产权分界点文件与实际现场是否一致，造成重要合同条款存在异常，用户以此要求供电公司赔偿损失。

【措施及成效】

供用电合同中必须明确供用双方的产权分界，产权分界文字表述与产权分界示意图一致，且与实际一致。

风险31 未与客户签订供用电合同或合同超过有效期

【案例描述】

某公司为临时用电客户，合同于2020年3月13日到期，营销系统显示为未续签状态，且现场已经连续超过6个月零电量，未续签或终止供用电合同。

【成因描述】

供用电合同管理不到位，逾期合同未及时续签或终止，将承担导致的供电设备维护管理责任不清、电费回收风险、合法的权利得不到主张等法律风险。

【措施及成效】

（1）对逾期或发生变更的合同及时续签或重签。

（2）加强合同期间监督检查。

附录A 电量电费退补分类

电量电费退补分类

电量电费退补类型	引起退补的差错原因
抄表类	人工抄表录入差错
电采类	采集数据项错误
	采集数据项缺失
计量类	电能表故障
	错误接线
	互感器故障
	示数类型缺失
	计量工作票安装信息录入错误
业扩类（新装、增容）	计费策略、参数错误
	安装信息录入错误
用电变更类（减容、减容恢复、暂停、暂停恢复、改类、过户、更名、销户、并户、分户、暂拆、暂换、改压、迁址、移表、基本电费计价方式变更）	计费策略、参数错误
	安装信息录入错误
档案类	档案错误时间较长无法追溯的计费策略、参数错误
	市场化建档造成的错误
系统类	系统原因造成
政策类	电价政策调整或政策规定
其他	除以上错误类型外的由不可抗力、配合政府工作等引起的其他类型错误

附录B 电量电费退补审批单

电量电费退补审批单

申请单位签章：　　　　　　　　　　　　　　　　系统申请编号：

户号		抄表段号	
户名			
退补电量		退补金额	
差错年月		申请人	
退补原因：□抄表类　□电采类　□计量类　□业扩类　□用电变更类　□档案类 □系统类　□政策类　□其他			
退补方案： （必须包含退补执行电价、具体的差错原因、详细的退补计算过程，退补方案、情况说明可以另附；如果需要更改表底，须注明，并填写更改后表底数）			
业务执行机构意见： 业务执行机构业务主管领导意见：		核算班审核意见： 营销支持中心审核意见：	
市营销部相关专业意见： 市营销部主任审核意见：		公司分管领导意见：	

注：《电量电费退补审批单》原则上应单张、单面打印，如确需多张打印，须加盖骑缝章。

附录 C　客户预存余额退费（转移）申请单

国网 ×× 供电公司客户预存余额退费（转移）申请单

制表单位：国网 ×× 供电公司 ×× 供电部　　　　填表日期：　年　月　日

<table>
<tr><td colspan="2">户号：</td><td colspan="2">用户类别：</td></tr>
<tr><td colspan="2">户名：</td><td colspan="2">用电地址：</td></tr>
<tr><td>账面余额</td><td>小写金额：　元</td><td colspan="2">大写金额：</td></tr>
<tr><td>余额处理方式一：</td><td colspan="3">□退费退款</td></tr>
<tr><td>申请原因</td><td colspan="3"></td></tr>
<tr><td>退款金额</td><td>小写金额：　元</td><td colspan="2">大写金额：</td></tr>
<tr><td>余额处理方式二：</td><td colspan="3">□余额转移</td></tr>
<tr><td>转入户户号</td><td></td><td>转入户户名：</td><td></td></tr>
<tr><td>转入金额</td><td>小写金额：　元</td><td colspan="2">大写金额：</td></tr>
<tr><td rowspan="2">交费收据是否收回及其他情况</td><td>收回时间：
年　月　日</td><td>客户签字：</td><td>收据接收人签字：</td></tr>
<tr><td>未收回原因说明：</td><td colspan="2">客户声明：电费余额已转入本（人、公司）提供的银行账号内，因收据未提供等其他原因，由此发生的经济纠纷由本（人、公司）承担，与国网河南省电力公司 ×× 供电公司无关。
客户签字盖章：
年　月　日</td></tr>
<tr><td rowspan="4">退费客户银行账户信息</td><td colspan="3">账户名称：</td></tr>
<tr><td colspan="3">账号：</td></tr>
<tr><td colspan="3">开户行名称：</td></tr>
<tr><td colspan="3">联行号：</td></tr>
</table>

续表

<table>
<tr><td rowspan="2">退费方式：转账</td><td colspan="2">退款申请时间：　　年　　月　　日</td><td rowspan="2">领款人核对信息无误签字：</td></tr>
<tr><td colspan="2">客户身份证号码：</td></tr>
<tr><td colspan="2">客户经理联系电话：</td><td colspan="2">客户方联系电话：</td></tr>
<tr><td rowspan="4">市公司审批</td><td>公司主管领导</td><td>营销部主任</td><td>营销支持中心</td></tr>
<tr><td></td><td></td><td></td></tr>
<tr><td>账务审核</td><td>部门主任审核</td><td>所（班）长审批</td></tr>
<tr><td></td><td></td><td></td></tr>
</table>

注：县级相关审批人在财务付款单进行审批签字。

附录D 收据

收 据

今收到国网河南省电力公司 ×× 供电公司户号：______________________________

户名：__________账户内预存电费余额退款人民币（大写）__________________________

（¥______.____）。

收款人签字（盖章 / 手印）：

年 月 日

附录 E　居民客户电费预存余额转移承诺书（个人）

居民客户电费预存余额转移承诺书（个人）

我本人自愿承诺把户号：××，户名：×× 电费账户上的预存电费余额 ×× 元转入至户号：××，户名：×× 上，如存在问题，后期愿承担电费转入户的相关经济责任及纠纷，与国网河南省电力公司 ×× 供电公司无关。

承诺人签字（手印）：

年　　月　　日

附录F 企业客户电费预存余额转移承诺书（对公）

企业客户电费预存余额转移承诺书
（对公）

我单位自愿承诺把户号：××，户名：××电费账户上的预存电费余额：××元转入至户号：××户名：××，如存在问题，后期愿承担电费转入户的相关经济责任及纠纷与国网河南省电力公司××供电公司无关。

承诺单位签字（盖章）：

接受单位签字（盖章）：

年　　月　　日

附录G　授权委托书（个人）

授权委托书（个人）

本人<u>×××</u>，身份证号：<u>××××××××××××××××××</u>，因本人无法亲自前往贵公司办理<u>预存电费退费或预存电费互转</u>相关业务，特授权委托<u>×××</u>，身份证号：<u>××××××××××××××××××</u>前去办理相关业务申请事宜。

委托人签字（手印）：

日期：　　年　　月　　日

附录H　授权委托书（对公）

授权委托书（对公）

本人×××，身份证号：××××××××××××××××××××，系×××公司法定代表人，现授权委托我单位员工×××，身份证号：××××××××××××××××××××，前往贵公司办理预存电费退费或预存电费互转相关业务申请事宜。

委托人签字（盖章）：

日期：　　年　　月　　日

附录 I 电费预存余额转营业外收入申请单

国网 ×× 供电公司
电费预存余额转营业外收入申请单

<table>
<tr><td>申请内容</td><td>销户用户电费预存余额转营业外收入</td><td>申请时间</td><td></td></tr>
<tr><td>申请事由及详细情况</td><td colspan="3">××××年以来，××公司多次组织对已销户且存在预存电费的用户开展电费清退工作，并分别于××××年××月××日、××××年××月××日通过《××日报》、公司营业场所等渠道进行公告，但由于部分用户无法取得联系，造成费用无法清退。截至××××年××月，已销户用户共计××户，预存电费余额××元，拟全部转入营业外收入，已于××××年××月××日通过××××年度第××次总经理办公会议审定。现申请于××××年××月，通过营销系统退费流程，营销财务同期记账，实现预收转营业外收入。

（详细材料见附件）</td></tr>
<tr><td>营销部意见</td><td></td><td>财务部意见</td><td></td></tr>
<tr><td>分管领导意见</td><td colspan="3"></td></tr>
<tr><td>公司领导意见</td><td colspan="3"></td></tr>
</table>

附录 J 电费违约金免计审批单

电费违约金免计审批单

<table>
<tr><td colspan="3">户号</td><td colspan="3"></td><td colspan="3">户名</td><td colspan="3"></td></tr>
<tr><td colspan="3">违约金计算天数</td><td colspan="3"></td><td colspan="3">欠费本金</td><td colspan="3"></td></tr>
<tr><td colspan="3">违约金</td><td colspan="3"></td><td colspan="3">免收金额</td><td colspan="3"></td></tr>
<tr><td colspan="12">免收原因：
经办人：
年 月 日</td></tr>
<tr><td colspan="4">供电部 / 县主管领导意见：
审批人：
年 月 日</td><td colspan="4">营销支持中心意见：
审批人：
年 月 日</td><td colspan="4">营销部审批意见：
审批人：
年 月 日</td></tr>
<tr><td colspan="6">分管领导审批意见：
审批人：
年 月 日</td><td colspan="6">公司领导审批意见：
审批人：
年 月 日</td></tr>
</table>

附录 K　现金盘点表

现金盘点表

单位名称：　　　　　　　　　　　　　　币种：　　　　　　单位：

<table>
<tr><td>现金盘点日期</td><td colspan="5">年　月　日</td></tr>
<tr><td rowspan="14">收费岗位</td><td colspan="3">盘点现金</td><td>核对账目</td><td></td></tr>
<tr><td>货币面额</td><td>张数</td><td>金额</td><td>项目</td><td>金额</td></tr>
<tr><td>100 元</td><td></td><td colspan="2" rowspan="2">盘点库存现金额</td><td></td></tr>
<tr><td>50 元</td><td></td><td></td></tr>
<tr><td>20 元</td><td></td><td colspan="2" rowspan="2">营销系统中收费金额</td><td></td></tr>
<tr><td>10 元</td><td></td><td></td></tr>
<tr><td>5 元</td><td></td><td colspan="3">营销系统中解款编号及金额</td></tr>
<tr><td>1 元</td><td></td><td></td><td>解款编号</td><td>金额</td></tr>
<tr><td>5 角</td><td></td><td></td><td></td><td></td></tr>
<tr><td>1 角</td><td></td><td></td><td></td><td></td></tr>
<tr><td>5 分</td><td></td><td></td><td></td><td></td></tr>
<tr><td>2 分</td><td></td><td></td><td></td><td></td></tr>
<tr><td>1 分</td><td></td><td></td><td>现金长款</td><td></td></tr>
<tr><td>合计</td><td></td><td></td><td>现金短款</td><td></td></tr>
<tr><td>核对结果</td><td colspan="3">□一致</td><td colspan="2">□不一致</td></tr>
<tr><td>每日核对差错原因</td><td colspan="2"></td><td>处理措施</td><td colspan="2"></td></tr>
</table>

续表

抽查记录	抽查库存现金额		抽查人签字：
抽查结果	□一致		□不一致
抽查差错原因		处理措施	

说明：

1. 该表仅对当天收费未存入电费账户的现金进行填报，已存入电费账户的现金不必填报。

2. 该表中解款编号及金额必须能从营销系统中查询到，且编号及金额数据一致，以备后查。

3. 盘点现金金额合计 = 盘点库存现金额 = 营销系统中收费金额 = 营销系统中解款编号及金额项金额合计。

收费人签字：　　　　　　　　　　　　　　　监盘人签字：

附录L　缴费关联户申请表

缴费关联户申请表

<table>
<tr><td colspan="4">单位名称</td></tr>
<tr><td>申请人</td><td></td><td>部门</td><td></td></tr>
<tr><td>联系方式</td><td></td><td>申请日期</td><td></td></tr>
<tr><td colspan="4">填写关联主户名、户号，子关联户名，户号、关联原因，后附相关佐证材料</td></tr>
<tr><td colspan="2">申请班班（组）长审核意见：
（签字）
年　月　日</td><td colspan="2">市公司供电部或县公司审核意见：
（签字/盖章）
年　月　日</td></tr>
<tr><td colspan="2">市公司账务班审核意见：
（签字）
年　月　日</td><td colspan="2">市公司营销支持中心审核意见：
（签字/盖章）
年　月　日</td></tr>
<tr><td colspan="4">市公司营销部审核意见：
（签字/盖章）
年　月　日</td></tr>
</table>

注：1. 本申请单用于缴费关联户的绑定、解绑的工作流程。

2. 关联户申请清单内容包含信息：关联主户名、户号，子关联户名，户号、关联原因。

3. 申请表由申请人、班组长、市公司账务班、营销支持中心、营销部签字，并加盖申请部门公章。

附录 M　缴费关联户申请说明（一）

缴费关联户申请说明

因以下户号存在同一人/同一法人/总分公司/母子公司/其他（　　　　　　）等关联关系，我方自愿将以下户号设为关联关系（详见下表），在子户存在欠费且未及时缴费时，可由主户预存抵扣子户欠费。关联关系自即日起生效，如需取消关联关系另行书面申请。我方承诺以上信息以及提供的相关证明材料真实有效。如有虚假情况，由此产生的各类纠纷及责任后果均由我方承担。

关联户	户号	户名
主户		
子户		

申请方：

（自然人：签字、按手印；非自然人：加盖公章）

××××年××月××日

附录 N　缴费关联户取消说明（一）

缴费关联户取消说明

因________________________________原因，我方自愿将以下户号取消关联关系（详见下表），自即日起主户预存不可抵扣子户欠费，如需设置关联关系另行书面申请。我方承诺以上信息以及提供的相关证明材料真实有效。如有虚假情况，由此产生的各类纠纷及责任后果均由我方承担。

关联户	户号	户名
主户		
子户		

申请方：

（自然人：签字、按手印；非自然人：加盖公章）

××××年××月××日

附录 O　缴费关联户申请说明（二）

缴费关联户申请说明

主户：户号__________，户名__________________________；

子户：户号__________，户名__________________________。

因____原因，经双方同意并共同申请设置为关联户关系，在子户存在欠费且未及时缴费时，可由主户预存抵扣子户欠费。关联关系自即日起生效，如需取消关联关系另行书面申请。我双方承诺以上信息以及提供的相关证明材料真实有效。如有虚假情况，由此产生的各类纠纷及责任后果均由我双方承担。

主户：

（自然人：签字、按手印；非自然人：加盖公章）

子户：

（自然人：签字、按手印；非自然人：加盖公章）

××××年××月××日

附录 P　缴费关联户取消说明（二）

缴费关联户取消说明

主户：户号__________，户名__________________________；

子户：户号__________，户名__________________________。

因____原因，经双方同意并共同申请取消关联关系，即日起主户预存不可抵扣子户欠费。如需设置关联关系另行书面申请。我双方承诺以上信息以及提供的相关证明材料真实有效。如有虚假情况，由此产生的各类纠纷及责任后果均由我双方承担。

主户：

（自然人：签字、按手印；非自然人：加盖公章）

子户：

（自然人：签字、按手印；非自然人：加盖公章）

××××年××月××日